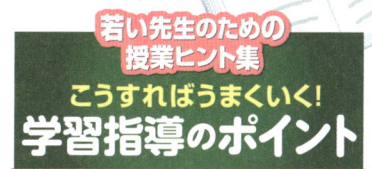

若い先生のための授業ヒント集
こうすればうまくいく！
学習指導のポイント

JN250921

C O N T E N T S

出版に向けて

　教育同人社は,「先生」「子ども」「保護者」の三者に向けて, "わかる教材"を提供するという出版理念のもとに教材作りという事業に軸足を置きながらも, 変わりゆく教育現場のニーズに合わせて, 様々な形で先生方をサポートして参りました。

　弊社Webサイト「はなまるサポート　小学校」では, その名の通り, 先生方への様々なサポート項目を発信しております。「今月の学習指導のポイント」はその企画の一つで, 弊社の一部門である初等教育研究所でご指導いただいている先生方に毎月執筆していただいて参りました。アクセス数もベスト3に入る人気の読み物となっております。

　このたび, すでにアップされた原稿の中から各教科の内容を厳選し, 書籍として上梓することになりました。Webサイトのご利用と共に, 書籍版もぜひお手元に置かれ, 日々のご指導にご活用ください。

「今月の学習指導のポイント」は, 教育同人社のWebサイトからご覧いただけます。

http://www.djn.co.jp/

はなまるサポートは
先生方を応援するページです。

国語編

福本　菊江（教育同人社初等教育研究所　国語科部長）

Profile
　「美しい日本語を話す日本人の育成」を目指して，国語教育に携わってきた。「授業は教師の命である」の信念のもと，理論と実践の統一を目指している。
　東京都小学校国語研究会や全国小学校国語研究会で，全国の先生方と継続的に研究を続けている。殊に，音声言語の指導の重要性を強調している。

メッセージ

＜国語の好きな子・美しい日本語を話し，心豊かな子の育成を！！＞

　子ども達は「国語は大きくなって役立つし，重要である。」と認識しているが，「国語は嫌い。」という子が多いそうだ。（学力調査の結果より）

　正しく美しい日本語を話し，国語の好きな心豊かな子を育成し，読書の習慣を身に付けさせるには，どのような授業をすればよいか。そのための，教材研究はどのようにすればよいか。

教材研究の方法

1　「教材文を読むこと。何度も音読すること。」が重要である。

2　初発の感想を書く。直感を大事にし，「こんな子どもに育てたい。」を文章化する。

3　どんな子どもに育てたいのかを考える。（キーワードを取り出し，言葉と言葉の関連性を調べて意味構造図を作成する。）（教材の価値・意味構造図の作成）

4　子ども達にどんな力を付けるかを考える。（キーワードやキーセンテンスを書き抜き，文章構造図を作成する。）（文章構造図）

5　その力を付けるのに最適な言語活動を選ぶ。（言語活動の研究）
　実際に，言語活動を実践することが大切である。実践して初めて，どこにつまずくか，どのような手立てをすべきかが見えてくる。

6　作家研究
7　関連図書研究　｝　読書の習慣を身に付けさせるために，作家や関連図書を調べ，紹介する。また，教室に本のコーナーを作る。

　『国語は萬学の基礎である。』と言われる。しっかり教材研究をして授業に臨めば，間違いなく楽しく力の付く国語の授業になる。"継続は力なり"を信じて！！

国語科を中心に据えた学級経営を！！

　4月は，教師にとっても子どもにとっても，素晴らしい出会いの時である。感動のある出会いの演出が重要である。よきスタートをきると，充実した一年間を過ごすことができる。

　では，国語科を中心に据えた学級経営とは，一体どんな方法ですればよいのだろうか。目指す子ども像や学級像に合った詩を選び，詩の音読・朗読・暗唱を例にとって考えてみる。

1　どんな子どもに育てたいか。どんな学級を作りたいか・・・教育理念

　まず，どんな子どもに育てたいか，またどんな学級を作りたいかを明確にし，きちんと文章化することが重要である。国語科の目標は『正しく美しい日本語を話すことのできる豊かな心をもち，たくましく生きる人間の育成』にある。そこで，学級レベルの目標を設定し，その価値に合った詩を選ぶ。

　詩は短く，凝縮された言葉や文で書かれ，リズムがあり，価値的内容もある。そこで，価値に合う詩を選び，教室に掲示し，毎日，みんなで声を合わせて音読したり，群読したりする。子ども達は，みんなで声を合わせて音読・朗読・群読をすることが好きである。音読を繰り返しているうちに，暗唱できるようになる。すると，語彙力や言語行動力がつき，また，学級を価値ある方向へと変容させることができる。

> **めざす学級像・めざす子ども像（例）**
> ○正しく美しい言葉を話す子ども
> ○正しく美しい言葉がとびかう学級

　週・月・学期に一編ずつの価値ある詩を選び，朝の時間や国語の授業の初めに，詩を音読すると，生き生きとした学級を創ることができる。また，詩に興味・関心をもたせ，他の詩を読むなどの自己教育力も育むことができる。

2　教育理念に合った詩を選ぶ

〔美しい言葉の例〕

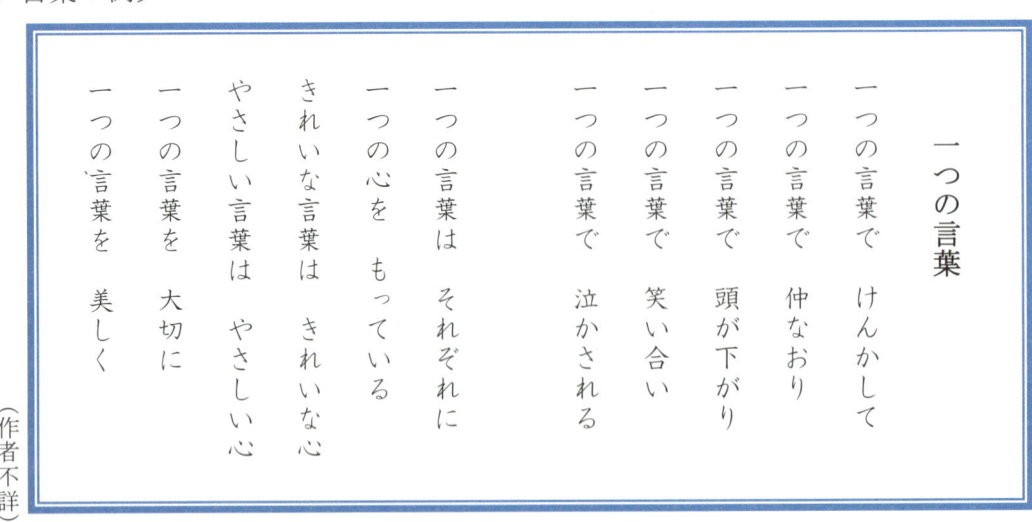

```
　　　　　　　　一つの言葉

一つの言葉で　けんかして
一つの言葉で　仲なおり
一つの言葉で　頭が下がり
一つの言葉で　笑い合い
一つの言葉で　泣かされる
一つの言葉は　それぞれに
一つの心を　もっている
きれいな言葉は　きれいな心
やさしい言葉は　やさしい心
一つの言葉を　大切に
一つの言葉を　美しく
　　　　　　　　　　（作者不詳）
```

　国語科の目標である『正しく美しい日本語を話すことのできる豊かな心をもち，たくましく生きる人間の育成』を学級の目標に掲げ，国語科で言葉の学習をし，日常に生きて働く国語の力と

して，正しく美しい言葉を話す言語行動力を身に付けさせることが望まれる。

　『一つの言葉』の詩は，「一つの言葉に一つの心がある」ことを具体的に述べている。「けんかをするときの言葉や気持ち，仲直りするときの言葉や気持ち」を比較し，それぞれの言葉にそれぞれの心があることに気付かせる。笑い合うときの言葉や泣かされるときの言葉，頭が下がる言葉，勇気が出てくる言葉，やさしさが湧いてくる言葉など様々な場面での言葉と気持ちを考えて，どのような言葉を使うと楽しい学校生活を送ることができるか考えさせる。

　そして，　きれいな言葉ややさしい言葉を話す時はきれいな心ややさしい心の時であることに気付かせたい。一つの言葉で相手を傷つけたり，一つの言葉で勇気が出てきたりするのである。一つの言葉を大切にし，美しい言葉を話すことの大切さに気付かせ，正しく美しい日本語を話すような言語行動力をつけ，学級を価値ある方向へと変容させていくことが大切である。

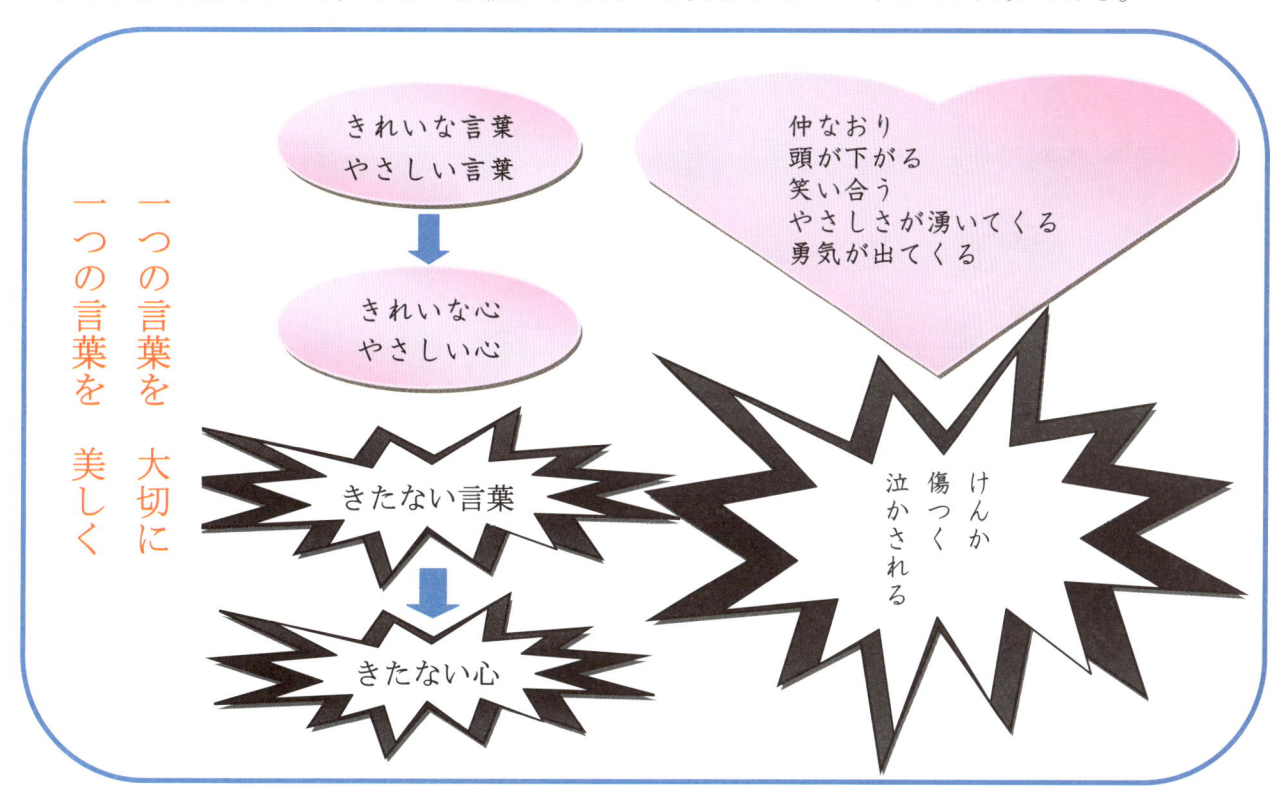

3　指導の実際

(1)　「一つの言葉」を読み，スローガンを考える

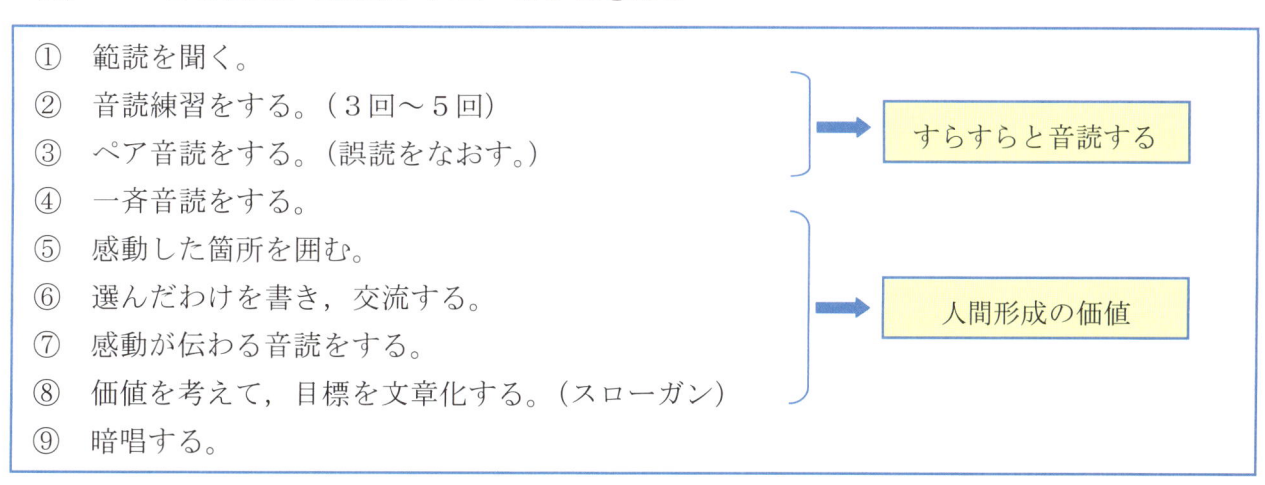

① 範読を聞く。
② 音読練習をする。（3回〜5回）
③ ペア音読をする。（誤読をなおす。）　→ すらすらと音読する
④ 一斉音読をする。
⑤ 感動した箇所を囲む。
⑥ 選んだわけを書き，交流する。　→ 人間形成の価値
⑦ 感動が伝わる音読をする。
⑧ 価値を考えて，目標を文章化する。（スローガン）
⑨ 暗唱する。

(2) 言葉について考える

① 感動した箇所を囲む。

② 選んだわけを書き，交流する。

③ 感動が伝わる音読をする。

「きれいな言葉はきれいな心 やさしい言葉はやさしい心」に感動しました。きれいな言葉ややさしい言葉を使いたいなと思いました。

「一つの言葉はそれぞれに一つの心をもっている」に感動を覚えました。言葉に気持ちがあることが分かりました。

「一つの言葉はそれぞれに一つの心をもっている」の所に感動しました。言葉に心があることに気付き、少し不思議な気持ちになりました。

「一つの言葉でけんかして 一つの言葉で仲なおり」に感動しました。言葉って本当に不思議な力があると思いました。

「一つの言葉を大切に 一つの言葉を美しく」に感動しました。言葉を大切にしようと思いました。

「一つの言葉で笑い合い 一つの言葉で泣かされる」に感動しました。こんな経験をしたことを思い出しました。

(3) 「言葉が心をもっている」ことについて具体的に考える

①けんかをするときの言葉

②仲なおりするときの言葉

③頭が下がる言葉

④笑い合う言葉

⑤泣かされる言葉

⑥勇気が出てくる言葉

⑦やさしさが湧いてくる言葉

⑧傷つく言葉

今までの生活を思い出し，具体的な言葉を思い出させ，楽しい学級生活を送るには，どんな言葉を使うことが大事かを考える。

(4) 学級のスローガンを考える

やさしい言葉がとびかう学級

勇気が出てくる言葉がとびかう学級

言葉を大切にし，美しい言葉がとびかう学級

(5) 詩の表現技法について調べる

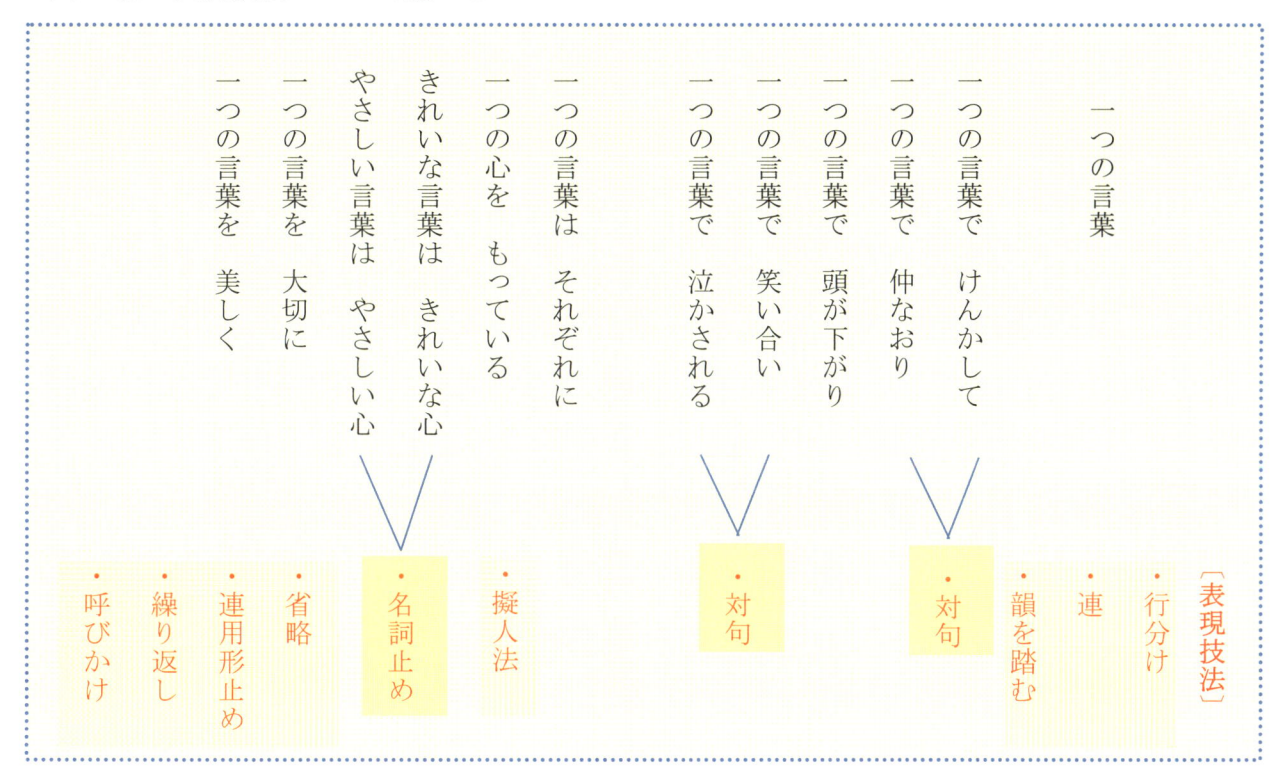

一つの言葉

一つの言葉で　けんかして
一つの言葉で　仲なおり
一つの言葉で　頭が下がり
一つの言葉で　笑い合い　　　・対句
一つの言葉で　泣かされる

一つの言葉は　それぞれに
一つの心を　もっている　　　・擬人法

きれいな言葉は　きれいな心　・名詞止め
やさしい言葉は　やさしい心

一つの言葉を　大切に　　　・省略

一つの言葉を　美しく　　　・連用形止め
　　　　　　　　　　　　　・繰り返し
　　　　　　　　　　　　　・呼びかけ

〔表現技法〕
・行分け
・連
・韻を踏む
・対句

　作家は詩を創るとき，表現技法を駆使し，言葉を吟味する。その表現技法を音読でどう表現するかを考えることが大事である。

(6) 感動が相手に伝わるような音読の工夫をする

(7) その他の詩

　言葉の大切さをテーマにした詩は，『こだまでしょうか』金子みすゞ，『ことば』谷川 和彦（教育同人社「音読の森④」に収録）もある。

　また，教育理念に合った詩を選ぶ時，一般の詩集のほか，小学生用音読教材も発刊されているので，利用するとよい。（次ページに，教育同人社発刊「音読の森」各巻より１点を選出して掲載。）

【コメント】
　『正しく美しい日本語を話す子どもを育成する』ことが，国語科の目標です。
正しい言葉や美しい言葉を話す時は，美しい心の時です。学級の一人一人が正しく美しい言葉を話すのは，並大抵のことではありません。でも，一歩ずつ高まるように計画的に実践を重ねていくことこそが大事です。
　そして，正しく美しい言葉を使う言語行動力こそが，学級を価値ある方向に変容させる原動力になると信じます。
　継続は力です。
　実践を積み重ねて，やさしく豊かな子ども達を育てたいものです。

ありがとう

しょうじ　たけし

ありがとう
ありがとう

いえば　とっても
いい　きもち

いわれりゃ　もっと
いい　きもち

ありがとう
ありがとう

（音読の森1　教育同人社刊）

なまけ忍者
〜それは　もうひとりのぼく〜

しょうじ　たけし

ぼくの　おへやの　すみっこに
なまけ忍者が　かくれてる

ぼくが　べんきょう　していると
なまけ忍者の　ひくい　声
——ちょっと　テレビを　つけてくれ
つづきまんがを　見たいのじゃ

なまけ忍者に　さそわれて
ぼくも　テレビを　見てしまう

ぼくが　おそうじ　はじめると
なまけ忍者の　ひくい　声
——どうせ　また　すぐ　よごれるよ
むだな　しごとは　やめなされ

なまけ忍者が　いるかぎり
なにを　やっても　ぼくは　だめ

なまけ忍者よ　おねがいだ
はやく　どこかへ　消えてくれ！

（音読の森2　教育同人社刊）

こえに　だして

香山　美子

もっと　ことばを
つかおう
こえに　だして
つかおう

はなに　かたり　かけよう
きれいの　つぎに
なんて　いって　あげよう
はなが　はずかしそうに
へんじを　するまで

かぜに　かたり　かけよう
しずかで　かぜも　ないと
かぜは　あなたの　そばに　いる
かぜが　きがついて
まあるい　くちを　ひらく　まで

もっと　ことばを
つかおう
こえに　だして
つかおう
こえに　だした　ことばが
こころを　つなぐ

（音読の森3　教育同人社刊）

タンポポ魂

坂村　真民

踏みにじられても
食いちぎられても
死にもしない
枯れもしない
その根強さ
そしてつねに
太陽に向かって咲く
その明るさ
わたしはそれを
わたしの魂とする

（音読の森４　教育同人社刊）

野の花

高丸　もと子

苦しいことを
経験したことがあれば
もうそれだけで強いと思う
それを乗り越えた
自分が
今あるから

小さいのは捨てて
大きいのをひとつだけ
大事にもっていたい

これから出会うかもしれない
つらいことが
ちっぽけなものに
見えてくるかもしれないから
一番深い根っこから
その新しいのを生やしていくと
いつかきっと自分を支える
大きさになっていくと思うから

ちょうど
野の花が踏まれる分
強い根っこを
伸ばしていくのに似て
わたしは
自分の中で
野の花を咲かせてみたい

（音読の森５　教育同人社刊）

雨ニモマケズ

宮澤　賢治

雨ニモマケズ
風ニモマケズ
雪ニモ夏ノ暑サニモマケヌ
丈夫ナカラダヲモチ
慾ハナク
決シテ瞋ラズ
イツモシヅカニワラッテヰル
一日ニ玄米四合ト
味噌ト少シノ野菜ヲタベ
アラユルコトヲ
ジブンヲカンジョウニ入レズニ
ヨクミキキシワカリ
ソシテワスレズ
野原ノ松ノ林ノ蔭ノ
小サナ萱ブキノ小屋ニヰテ
東ニ病気ノコドモアレバ
行ッテ看病シテヤリ
西ニツカレタ母アレバ
行ッテソノ稲ノ束ヲ負ヒ
南ニ死ニサウナ人アレバ
行ッテコハガラナクテモイイトイヒ
北ニケンクヮヤソショウガアレバ
ツマラナイカラヤメロトイヒ
ヒデリノトキハナミダヲナガシ
サムサノナツハオロオロアルキ
ミンナニデクノボートヨバレ
ホメラレモセズ
クニモサレズ
サウイフモノニ
ワタシハナリタイ

（音読の森６　教育同人社刊）

おはなしをたのしもう
『たぬきの糸車』

　拾い読みをしていた1年生も，お話の本をすらすらと読めるようになってきた頃だと思う。この時期に，読書量を増やす取り組みを考えたい。「おはなしを　たのしもう　たぬきの　糸車」の教材で「音読発表会をしよう」の指導を考える。

　子ども達は音読が大好きです。「単元を貫く言語活動」として音読を取り上げて，お話の大好きな場面のおもしろさを音読で発表し，音読の楽しさを体得させたい。

1　単元名　　　大好きな一冊のお気に入りの場面を音読しよう
　　　　　　　　　『たぬきの糸車』　きし　なみ　作　（光村図書）

2　単元を貫く言語活動とその特徴　（　）は学習指導要領対応項目

　単元を貫く言語活動として，「大好きな一冊の本を選び，お気に入りの場面を音読する」ことを位置付けた。音読は声だけでの表現で一見簡単であるが，難しい。そこで，この時期に音読の楽しさを体得させることが重要である。「場面の様子について，登場人物の行動を中心に想像を広げながら読むこと。」（C読むこと(1)ウ）を実現するのにふさわしい言語活動であると考えた。

3　単元の指導目標

◎語のまとまりや言葉の響きなどについて考えながら音読することができる。（C読むこと(1)ア）
◎登場人物の会話や行動描写を中心に，場面の様子に注意して読み，想像を広げることができる。
　（C読むこと(1)ウ）
○たぬきやおかみさんになったつもりで，本文にない言葉を考えて絵に合うように書くことができる。（B書くこと (1)ウ・オ）
○昔話を読み，お気に入りの本を決め，好きな場面を音読することができる。（C読むこと(1)ウ・オ）

4　単元の指導計画

導入　第一次（1時間）	展開　第二次（5時間）	発展　第三次（4時間）
①読み聞かせ（あらすじ） ・挿絵とあらすじ ②第三次のモデルを示す。 （音読発表会）ビデオ 言語活動の見通しをもつ ③課題を設定する。 ④関連図書紹介（昔話）	①教科書から好きなところ，心に響くこと，疑問点やもっと調べたいこと，生かしたい筆者の工夫を見つけて読む。 ②おもしろいと思ったところを発表する。 ③おもしろいと思った場面を音読練習する。 ・「キーカラカラ　キークルクル」，「くるりくるり」などの言葉の読み方を工夫できるように，『糸車』や『破れ障子』を用意し，動作化しながら音読する。 ・「じょうずな手つきで，糸をつむいで」「たばねてわきにつみかさね」「ぴょこんと…とび下り」「うれしくてたまらないというように」「ぴょんぴょこおどりながら」な	①並行読書をした本のうち，一番大好きな本を選び，その本のお気に入りの場面を音読発表する。 ②なぜ好きなのかを明確にし，そのお気に入りの場面の人物の気持ちを動作化などで読み取り，音読発表する。 ③第二次で学んだように言葉（キーワード）の音読の工夫をさせるようにする。

	どの言葉の読み方を工夫できるように，『糸車』を用意し，動作化しながら音読する。 ・たぬきやおかみさんの気持ちを想像して会話を吹き出しに書く。 ・二人組でおかみさん役とたぬき役になって，自分が考えたセリフを発表する。 〇おかみさんのまねをしている場面 〇たぬきを逃がしてやる場面 〇冬の間の場面（糸をつむぐ） 〇春になっての場面 ④好きな場面を音読練習する。 　例　わたしは，〇〇の場面が好きです。そのわけは，〜だからです。そのときの…の気持ちを想像して，……工夫をして音読します。聞いてください。 ・交流学習 ⑤音読発表会	④大好きな本やお気に入りの場面を選んだわけを明確にし，書く。 どのような音読技法を用いるかも発表する。 ⑤交流学習でお互いにアドバイスをし，練習する。（できるだけ，よいところを見つけて助言し合うようにさせる。） ⑥音読発表会をする。 例　わたしは，〇〇の話の……の場面が好きです。そのわけは，〜だからです。そのときの…の気持ちを想像して，……工夫をして音読します。聞いてください。
・課題解決型の国語学習 ・主体的な取り組み ・単元を貫く言語活動の見通しをもつ。	・第三次の言語活動を，第二次の単位時間に徐々に比率を上げながら取り入れていく。	・第二次で身に付けた読む能力が，他の作品を読むときにも使えるものにする。
並　行　読　書		

5　発表会の工夫

（1）音読発表会は単調になるので，全員での音読なども入れて変化をもたせることが大事である。

（2）プログラムを作る　　　　　　　　　　　　　　　　　　　　　　　　　　　　　　例

> プログラム
> 一　「うたにあわせてあいうえお」　　全員
> 二　「たぬきの糸車」　　うたと音読
> 三　好きなお話の好きな場面　　全員
> 四　好きなお話の好きな場面　　〇〇女
> 五　好きなお話の好きな場面　　〇〇男
> 六　好きなお話の好きな場面　　〇〇女
> 七　好きなお話の好きな場面　　〇〇男
> 八　「てんとうむし」　　全員
> 九　好きなお話の好きな場面　　〇〇女
> 十　好きなお話の好きな場面　　〇〇男
> 十一　好きなお話の好きな場面　　〇〇女
> 十二　好きなお話の好きな場面　　〇〇男
> 十三　好きなお話の好きな場面　　〇〇女
> 十四　好きなお話の好きな場面　　〇〇男
> 十五　好きなお話の好きな場面　　〇〇女
> 十六　読み聞かせ「〇〇〇〇」　　先生
> 　　　おやすみ
> 十七　「いちねんせいのうた」　　全員
> 十八　好きなお話の好きな場面　　〇〇女
> 十九　好きなお話の好きな場面　　〇〇男

（3）工夫

①すらすらと読め，自分の好きな場面の理由や読み方の工夫が伝わるようにする。

②同じ話の子はまとめて，読みの場面がストーリーの順になるように発表させるとよい。

③ペアで練習し，聞き合いを活発にし，よいところを見つけて誉め合うことが大事である。

④姿勢，口形，呼吸，滑舌，発声，発音，声の大きさ，速さなどに気を付けて，音読させる。

⑤選んだ本を見せて音読する。

目標　『たぬきの糸車』の好きな場面を絵で描き，裏にその場面を視写し，音読する。

1　「たぬきの糸車」を読み，好きな場面を選ぶ。

○好きな場面を選び，その中で一番好きな場面を選ばせるようにする。

2　好きな場面を絵で描く。

○四つ切の画用紙に絵を描く。色を塗る。

3　教科書からその絵に合った場面を視写する。

○画用紙の裏に，絵に合った教科書の本文を視写する。

4　音読の練習をする。

○音読の練習を繰り返しながら，書き加える。
　・気持ちを表す言葉　　　　・周りの様子など
○書き加えたものも入れて，音読の練習をする。

5　ペアで聞き合い，助言し合う。

○発表の仕方

> わたしは，～の場面が好きです。そのわけは，○○○だからです。そのときの，……の気持ちを想像して，～工夫をして音読します。聞いてください。

・二重円を作り，外側の児童は左まわり，内側の児童は，右まわりで，ペアの相手を次々に替えていく。
・繰り返し聞いてもらううちに音読が上手になり，暗唱までもできるようになることが大事である。

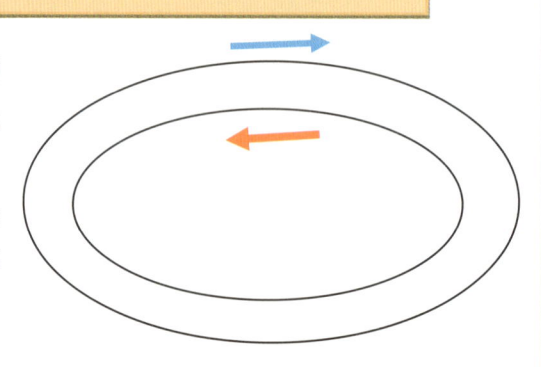

6　友達の感想や助言を聞いて，書き直したり，音読の工夫をしたりする。

7 発表のさせ方

（1）お話の筋に合わせて，紙芝居のようにするのもよい。

（2）下のように大勢で作品を作り上げるのもよい。

ある月のきれいなばんのこと、
おかみさんは、糸車をまわして、
糸をつむいでいました。

キーカラカラ　キーカラカラ
キークルクル　キークルクル

ふと気がつくと、やぶれしょうじのあな
から、二つのくりくりした目玉が、こちら
をのぞいていました。

糸車が、キークルクルとまわるにつれて、
二つの目玉も、くるりくるりとまわりまし
た。そして、月のあかるいしょうじに、糸
車をまわすまねをするたぬきのかげがうつ
りました。

おかみさんは、おもわずふき出しそうに
なりましたが、だまって糸車をまわしてい
ました。

・誰かが，上の場面を読んでいる時に，BGM として，みんなで，コーラスをするような工夫もある。

・他のみんなで，声をそろえて，キーカラカラ　キーカラカラ，キークルクル　キークルクルとリズムよく入れるのである。

キーカラカラ　キーカラカラ
キークルクル　キークルクル

キーカラカラ　キーカラカラ
キークルクル　キークルクル

キーカラカラ　キーカラカラ
キークルクル　キークルクル

キーカラカラ　キーカラカラ
キークルクル　キークルクル

キーカラカラ　キーカラカラ
キークルクル　キークルクル

キーカラカラ　キーカラカラ
キークルクル　キークルクル

【コメント】

　たぬきとおかみさんのほのぼのとした交流のお話。おかみさんに恩返しをしたたぬきの満足げな後ろ姿がかわいいですね。きっと，子どもたちも大喜びでしょう。たぬきやおかみさんになりきって音読に取り組ませましょう。

＊次ページに，文章構造図があります。

8　たぬきの糸車　文章構造図

	5	4	3	2	1
価値	糸を紡ぐおかみさんの真似をするいたずらたぬきをかわいいなと思い，わなにかかったたぬきを助けてやるおかみさん。たぬきは，そのお礼におかみさんの糸を紡ぐ手伝いをする。 相手が喜ぶであろうと考えてしたことは，実は自分にとっても喜ばしいことである。				
場面	うれしそうに帰っていくたぬき	恩返し　おかみさんに恩返しをするたぬき	事件が起きた　わなにかかったたぬきを助けるおかみさん	ある月のきれいなばん　おかみさんとたぬきの出会い	山奥の一軒家　きこりの夫婦とたぬき
時・場所		はるになって、山おくのこや	あるばん　こやのうらで　やがて山の木のはがおちて、　ふゆ　ゆきがふりはじめると、	ある月のきれいなばん	むかし　山おくの一けんや　まいばんのように
きこりのふうふ・おかみさん	おかみさんがのぞいている	山おくのこやにもどってきました。とをあけたとき、あっとおどろきました。「はあて、ふしぎな。どうしたこっちゃ。」土間でごはんをたきはじめました。びっくりしてふりむくと、いたどのかげから、ちゃいろのしっぽがちらりと見えました。そっとのぞくと、	こわごわいってみると、「かわいそうに。わなになんかかかるんじゃないよ。たぬきじるにされてしまうで。」にがしてやりました。村へ下りていきました。	糸車をまわして糸をつむいでキーカラカラ　キークルクル　キーカラカラ　キークルクルふと気がつくと、おもわずふき出しそうに「いたずらもんだが、かわいいな。」だまって	わなをしかけました。
たぬき	おかみさんがのぞいているのに気がつきました。ぴょこんとそとにとび下りました。うれしくてたまらないというようにぴょんぴょこおどりながらかえっていきましたとさ。	キーカラカラ　キークルクル　キーカラカラ　キークルクル糸車のまわる音じょうずな手つきで、糸をつむいでいるのでした。いつもおかみさんがしていたとおりに、たばねてわきにつみかさねました。	キャーッというさけびごえわなにかかっていました。	二つのくりくりした目玉のぞいている糸車がまわるにつれて二つの目玉もくるりくるりと糸車をまわすまねとまいばんまいばんやってきて、糸車をまわすまねをくりかえしました。	まいばんのようにいたずらをしました。
様子	うれしくてたまらないというように	いたの間に、白い糸のたばが、山のようにまきかけた糸車には、まきかけた糸まで		くるりくるりと糸車をまわすまねをするたぬきのかげ	山おくの一けんや
言語	ふいにぴょこんととび下りましたうれしくてたまらない	山のようにほこりだらけのはずまきかけた糸いたど手つきつむぎおわるたばねるわきにつみかさねる	ゆきがふりはじめる	糸車糸をつむぐキーカラカラ　キークルクルふと気がつくと二つのくりくりした目まわるにつれてくるりくるりとこわごわわなにかかっておもわずふき出しそうに	きこりのふうふ山おくの一けんやわなをしかける

書くことの指導
『スーホの白い馬』

　今月は，読んだ本を家の人に紹介する文章（紹介文）を書く言語活動について考える。自分の考えを明確にして構成を考えて紹介文を書き，推敲学習や交流学習をし，文章を書いた後，読み直す習慣を付けたい。

Ⅰ　紹介文を書く言語活動について

1　単元名　読んだお話を紹介しよう『スーホの白い馬』

モンゴル民話　大塚勇三　再話　福音館書店　　（光村図書）

2　読む学習をする

3　長いお話を，短くまとめて家の人に紹介しましょう

（1）『スーホの白い馬』を読んで，感動を伝える。

　　①いちばん感動したところは，どこですか。

　　②サイドラインを引きましょう。

（2）『スーホの白い馬』を読んで，あらすじをまとめる。

> ①だれが出てきたか。
> ②だれが，いつ，どこで，何をしたか。
> ③どんなできごとがあったか。
> ④どのようにおわったか。

（3）紹介文の形（はじめ・中・おわり）

　同じお話でもあらすじのまとめ方は一つではない。紹介文の中の部分をあらすじでまとめる。同じお話でも一人一人の感動はちがう。その感動をどのように伝えるかであらすじの書き方はちがってくる。

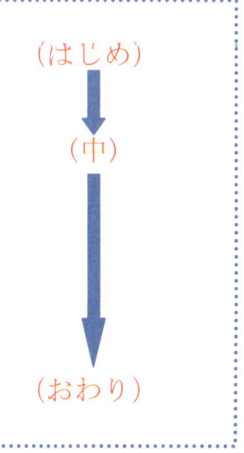

> ①いちばん心に残ったことは何か。　　　　　　（はじめ）
> ②あらすじ………心に残ったことを中心に，どんなお話かが
> 　　　　　　　　分かるように短くまとめる。（２００字程度）（中）
> 　　　　　　　　２００字の原稿用紙を用意する。
> 　☆だいじなところをくわしく……感動・心に残ったこと
> 　　・視写（感動したところ）　　・自分の言葉で書く。
>
> ③まとめのことば　　　　　　　　　　　　　　（おわり）

　あらすじは，感動によって，書き方が違う。軽重の付け方がだいじである。感動を伝えることに重点を置くようにする。

Ⅱ　指導の実際

　　読んだお話を紹介しよう

『スーホの白い馬』

目標　〇人物の行動を中心に想像を広げながら読み，自分の感想をもとに，あらすじを入れて物語を紹介することができる。

言語活動　読んだ本を家の人に紹介する文章を書く。

　　　　　感動の中心を明確にし，あらすじを紹介する。

過程	学習活動	指導事項	☆支援・〇評価
わかる	1　学習のめあてと方法が分かる。	・目標と方法が分かること。	☆めあてを丁寧に書くこと。 〇めあてと方法が分かって，めあてが書けている。
かわる	2　家の人に紹介する文章を書く。 ①紹介文の形式を聞く。	・はじめ・中・おわりの構成で紹介文を書くこと。	
	②中のあらすじを書く。 ・いちばん強く心に残ったところに線を引く。 ・線を引いたところを書き抜く。	・読んで感動した文章に線を引くこと。 ・線を引いたところを丁寧に書き抜くこと。	☆自分の感想を明確にさせる。 ☆感動した文章の抜き出しは，二文までにさせる。 ☆見付けられない児童には，一人一人の感想を聞き出すようにする。
	・感動を中心にあらすじをまとめる。	・感動を中心にあらすじをまとめること。（２００字程度） ・書き抜いた文をあらすじの中に入れること。（２００字程度）	
	③推敲する。	・文章を読み返して間違いに気付き，正すこと。	〇感動したところをくわしくしたあらすじを２００字程度でまとめている。
	④読む練習をする。	・感動を伝えるための音読の工夫をすること。	
	⑤交流する。	・よいところを見付けて感想を伝え合うこと。	
できる	3　発表する。	・感動を伝える表現の工夫をすること。	〇よいところを見付けて賞賛するようにする。

1　感想を書くとき，使ってみたい言葉や書き方

・国語の時間に，「○○○○」というお話を読みました。

・「○○○○」のお話は，○○○○が分かるお話でした。　・どんなお話か紹介します。

・前に，「○○○○」という本を読みました。　それにくらべて，○○○○○でした。

・○○○○○を見た（聞いた・した）ことがあります。

・これから○○○○○な本を読んでみたいと思います。

・わたしも，このお話のような○○○○○けいけんがあります。

2　感動によってちがうあらすじ

感動したところ
視写

「いつまでもあなたのそばにいられますから。」
「どんなときでも、ぼくはおまえといっしょだよ。」

国語の時間に、『スーホの白い馬』というお話を読みました。スーホと白馬の気もちが、とても強くつながっていることが分かるお話です。どんなお話か、しょうかいします。

スーホは白馬をたすけて、心をこめてりっぱにそだてました。白馬は、おおかみからひつじをまもってくれて、スーホは、「どんなときでも、ぼくはおまえといっしょだよ。」とやくそくします。

ところが、スーホはとのさまにだまされて白馬をとりあげられます。白馬は、ひどいきずをうけながら、大すきなスーホのところに帰ってきて、しんでしまいました。

スーホは、白馬がゆめの中で教えてくれた馬頭琴を作り、それからは、いつもどこでもいっしょにいられるようになりました。わたしは、スーホと白馬の心のむすびつきが強くて、あたたかいなあと思いました。

「そんなにかなしまないでください。それより、わたしのほねやかわや、すじや毛をつかって、がっきを作ってください。そうすれば、わたしは、いつまでもあなたのそばにいられますから。」

モンゴルにある、馬頭琴というがっきの演奏を聞きました。とてもきれいな音色でした。このがっきは、いちばん上が馬の頭の形をしています。『スーホの白い馬』というお話には、どうしてこのがっきができたかが書かれています。どんなお話か、しょうかいします。

スーホと白馬はとてもなかよしでした。でも、わるいとのさまが白馬をとりあげ、ころしてしまいました。スーホがかなしんでいると、白馬がゆめの中に出てきて、「わたしのほねやかわや、すじや毛をつかって、がっきを作ってください。そうすれば、わたしは、いつまでもあなたのそばにいられますから。」と言って、馬頭琴の作り方を教えてくれました。スーホは、がっきを作って、白馬といっしょにいる気もちで馬頭琴をひきました。ぼくは、馬頭琴というがっきや、がっきができたわけも、このお話ではじめて知りました。

【コメント】

○視写したところを，どこに，どのように使っているか。

○感動を伝えるためにどんな工夫をしているか。

いろいろな工夫をして，書き方を学ぶことが大事ですね。また，推敲をすることや友達と書いた作品を交流することなどを繰り返し取り組み習慣を付けることが大事ですね。「書くこと」は考えることです。ゆっくりと丁寧な字で，書く習慣を身に付けさせたいものですね。

国語 3年

かるた遊びを学習に取り入れよう！

「加留多とる　皆美しく　負けまじく　　高浜　虚子」

　上の俳句は，お正月の風物詩であるかるた大会の様子を詠んだ句である。あでやかな着物姿にたすきがけの凛々しい姿が詠まれている。その表情には，集中力や闘争心が表れている。「負けまじく」である。

「伝統的言語文化に関する事項」の指導で，俳句・短歌・ことわざ・慣用句・故事成語などを生きて働く<u>言語の力</u>とするには，ゲーム性を取り入れたかるた遊びがよい。殊に，年末やお正月に家族と一緒に楽しむかるたや百人一首は格別である。

　書店には様々なかるたが売られている。ことばかるた・昔話かるた・犬棒かるた・動物かるた・いろはかるた（ことわざ）・慣用句かるた・百人一首など色鮮やかに彩色され，子どもたちは興味を示すだろう。しかし，自分だけの手作りかるたは，格別である。学習のまとめとして，また，暗唱し豊かな言語生活を営むべく自分だけのかるた作りに取り組んではどうだろう。

　かるた作りとして考えられるものに，国語かるた，漢字かるた，俳句かるた，ことわざかるた，慣用句かるた，故事成語かるた，百人一首などがある。子どもたちと一緒に考えてみると，さらに楽しく個性あふれるかるたを作ることができるであろう。

　かるた作りの活動で，忘れてはならないことは，**どんな力を付けるための活動なのか**を明確にすることである。そうでないと，「活動あって力つかず」のただの活動で終わってしまうのである。

　では，『伝統的な言語文化に関する事項』の指導事項（中学年）を確認してみよう。

　易しい文語調の短歌や俳句について，情景を思い浮かべたり，リズムを感じ取りながら音読や暗唱をしたりすること。
　長い間使われてきた**ことわざ**や**慣用句**，**故事成語**などの意味を知り，使うこと。

言語活動　かるた作り

豊かな言語生活

先人の知恵や教訓，機知
リズムや響きを感じる

生きる力の糧・生きて働く
言語の力

　伝統的な言語文化の学習の言語活動を「かるたを作り，かるた大会をしよう」とする。自分の好きな俳句（短歌，ことわざ，慣用句，故事成語など）を選び，読み札と取り札に書く。取り札には，簡単な絵を描くのもよい。いろはに……と４８枚作ってもよいが，時間が掛かり過ぎるので，家庭学習にまわすとよい。冬休みの課題とするのもよい。できあがったら，かるた遊びをする。読み手が朗々と読み上げ，取り手は全神経を集中して聞き，いち早く札を取るのである。ゲーム化して繰り返すうち，自然と暗唱するであろう。そのうちに，先人の知恵や教訓，機知な

どが身に付いてくるであろう。また，朗々と読みあげることで，日本語のリズムや響きを体に感じることができる。生きる力の糧となったり，生きて働く言語の力となり，豊かな言語生活を送ることができる。

では，言語活動としてのかるた作りの例をあげてみる。

1　かるたの例

(1) 漢字かるた……今までに学習した漢字を使ってのかるた作り（全学年）

①時を表す言葉を使って文を書き，かるたを作ろう。（中学年）

　文作りを主な活動とする。（いつ　何が　どうした）

　季節（春・夏・秋・冬）週（日・月・火・水・木・金・土・先週・今週・来週）

　一日（朝・午前・昼・午後・夕方・夜・真夜中)，一年（去年・今年・来年）

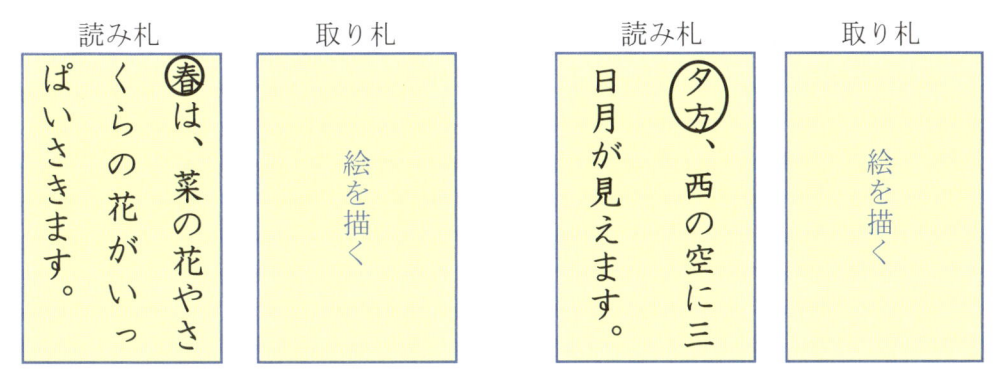

②漢字を使って，かるたを作ろう。（全学年）

　習った漢字を使って，文を作る。

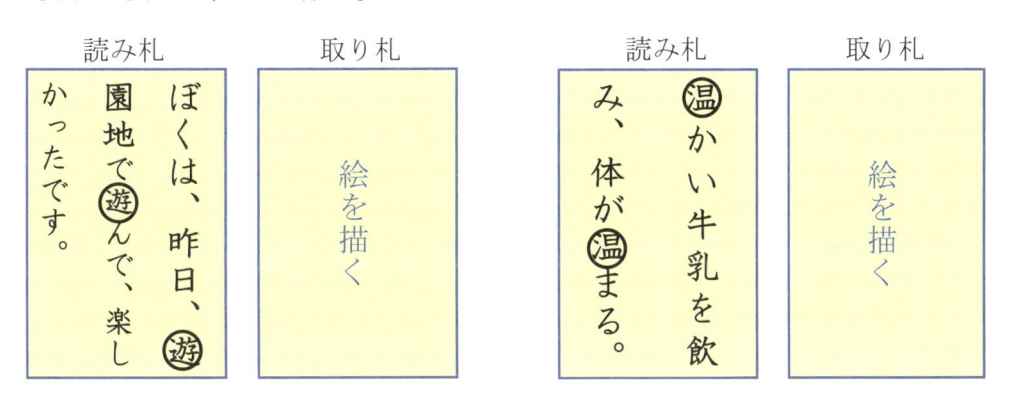

(2) 俳句かるた作り（中学年）

　自分の好きな俳句を選んで，読み札と取り札をかく。

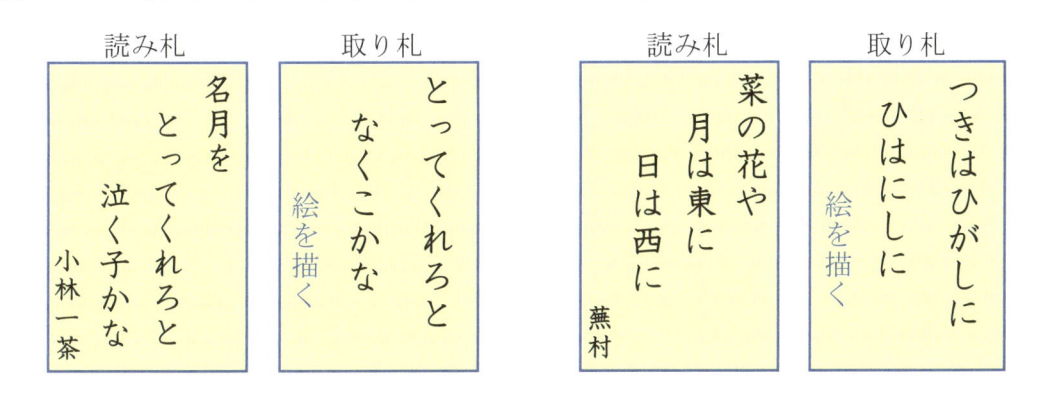

(3) 百人一首作り

自分の好きな短歌を選んで，読み札と取り札をかく。

<table>
<tr><td>読み札</td><td>取り札</td><td>読み札</td><td>取り札</td></tr>
<tr>
<td>山里は
冬ぞさびしさ
まさりける
人目も草も
かれぬと思へば
源宗于朝臣</td>
<td>ひとめもくさも
かれぬとおもへば</td>
<td>ふるさとの
山に向かひて
言ふことなし
ふるさとの山は
ありがたきかな
石川啄木</td>
<td>ふるさとのやまは
ありがたきかな</td>
</tr>
</table>

(4) ことわざかるた（いろはかるた）作り（ことわざを集めて作ったかるた）

ことわざとは，短い言葉の中に，昔から伝わる知恵や教えが表されている。
自分がこれからの生活で参考にしたいことわざを選ぶ。

<table>
<tr><td>読み札</td><td>取り札</td><td>読み札</td><td>取り札</td></tr>
<tr>
<td>笑う門には
福きたる</td>
<td>絵を描く</td>
<td>負けるが勝ち</td>
<td>絵を描く</td>
</tr>
</table>

(5) 国語かるた作り

習った教材から，心に残った言葉を使ってかるたを作る。（全学年）

<table>
<tr><td>読み札</td><td>取り札</td><td>読み札</td><td>取り札</td></tr>
<tr>
<td>人間、
やさしさささえあれば
勇気はでるもんだ。
モチモチの木</td>
<td>絵を描く</td>
<td>大豆をおいしく食べる
むかしの人々のちえに
おどろかされた。
すがたをかえる大豆</td>
<td>絵を描く</td>
</tr>
</table>

(6) 慣用句かるた

(7) 故事成語かるた

いろいろと知恵を出し合って，工夫すると，いろいろなかるたを作って遊ぶことができる。

2　かるたの遊び方

　かるた遊びは，３人以上で行う。読み手が声に出して読み，ほかの人たちがそれに合った取り札を競い合って取る。より多くの取り札を取った者の勝ちとなる。

①取り札を床に広げ，取る人に見やすくする。

②読む人が読み札を読む。

③できるだけ早く，読み札にあった取り札を取る。先に押さえた方が札を取ることができる。

④全部の読み札，取り札がなくなるまで繰り返す。

⑤より多くの札を取った者の勝ち。

(1) 百人一首の遊び方

では，次に百人一首の遊び方について説明する。

①散らし取り（お散らし）

　「散らし取り」は古くから行われた遊び方の一つで，あまり競争意識は働かない。ただし大人数で同時に遊ぶためには都合のいい遊び方で，かつてのかるた会などではたいていこの方法に片寄っていた。

　散らし取りに限らず，江戸時代までは読み手は作者の名前から順に読み上げ，上の句が終わったところで読むことをやめるのが普通であったようだ。しかし，現在では作者名を省き，最後まで読んでしまう。なかなか取り手が取れない場合には下の句を繰り返すようにする。

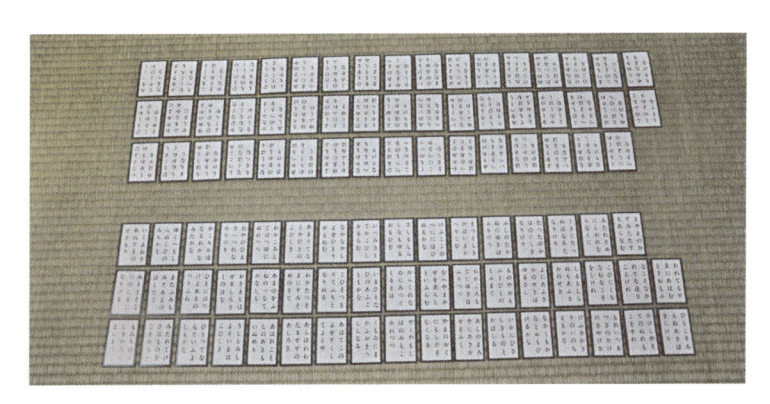

散らし取り（お散らし）の遊び方

① 読み手を選ぶ（ふつうは一人だが、交代で読んでもよい。）

② 読み札を読み手に渡し、取り札は百枚すべてを床の上などに並べる。

③ 取り手は何人でもよい。みんなで取り札のまわりを囲む。このとき不平等にならないように、取り札の頭はそれぞればらばらな方を向いているように並べる。

④ 読み手が読み札を混ぜてから、札の順に歌を読み上げる。

⑤ 歌が読み始められたら、取り手は取り札を探して取ってよい。

⑥ 同時に何人かが同じ札を押さえた場合には、手がいちばん下にある人がこれを取る。

⑦ 間違った札を取った場合（お手つき）には何らかの罰則をする。（例　一回休みなど）

⑧ 百枚目を取ったところで終了。最も多くの札を取った人が勝ちである。

②源平戦

　源平戦では，二つのチームに分けて競う。１チームは３人くらいがよい。読み手を一人決める。そして，読み札と取り札に分け，取り札を50枚ずつ配る。そして，３段に並べる。並べ方は，自分たちによいように並べる。取り札が早くなくなった方が勝ちである。

3 興味のもたせ方

回数を多く読んだり，ゲームをすることがいちばんである。

授業の始まりに，全員で声を合わせて音読したり，ペアで，上の句と下の句を言い合ったりすると自然に覚えることができる。

また，「 わたしの好きな短歌 」を選んで，それを覚えさせることもよい。覚えた短歌の札をゲーム中に取ることができると，しめたものである。また，次に好きな短歌を選んで，覚えようとする。さらに，友達と，なぜこの短歌を選んだか，根拠を示しながら話すことで，興味を増すことができる。

> やまざとは
> ふゆぞ さびしさ
> まさりける
> ひとめも くさも
> かれぬと おもえば
> ひとめも くさも
> かれぬと おもえば

ひとめもく
さもかれぬ
とおもへは

＊百人一首の百首の資料は，平成 23 年 12 月の今月の指導を参照してください。

国語 4年
「二十才のわたしへ　手紙を書こう！」の指導

　今月は，二分の一成人式である４年生に「二十才のわたしへ　手紙を書こう！」という単元で考える。

1　単元名
　　書いたものを読み合い，考えたことを伝え合おう　『二十才のわたしへ』　（三省堂）

2　目標
　　「将来の夢」について考え，二十才になった自分に夢の実現についてたずねたいことや知らせたいことをはっきりさせて手紙を書き，書いた手紙を読み合って感想を交流することができる。

学習指導要領より〔B書くこと〕の目標

第３学年及び第４学年
ウ　書こうとすることの中心を明確にし，目的や必要に応じて理由や事例を挙げて書くこと。
カ　書いたものを発表し合い，書き手の考えの明確さなどについて意見を述べ合うこと。
〔伝統的な言語文化と国語の特質に関する事項〕
イ　(7)言葉には，考えたことや思ったことを表す働きがあることに気付くこと。
言語活動例
エ　目的に合わせて依頼状，案内状，礼状などの手紙を書くこと。

3　評価規準

〔関心・意欲・態度〕二十才になった自分を豊かに想像して，自己を見つめて夢をふくらませている。
〔書くこと〕わたしの夢をはっきりとさせ，その夢の動機や夢の実現に向かって努力することなどについて，たずねたいことや知らせたいことを具体的な例を挙げて書いている。
〔書くこと〕書いた手紙を読み合い，その内容や形式について気付いたことや感想を交流している。
〔言語〕書いて読み合うことによって，お互いの考えを伝え合うことができることに気付いている。

4　教材観
　　４年生を終える児童は，ちょうど十才を迎えたのである。即ち，大人の仲間入りをする二十才のちょうど半分にあたる節目である。そこで，この時期に「将来の夢」について考えさせることは意義がある。今までの自分を振り返り，これからの自分を想像する中で，一人一人が自分としっかりと向き合い，「二十才の自分はどんな人になっているだろうか。」と想像して，二十才の自分あてに手紙を書くのである。「将来の夢」をしっかりともっている児童もいるだろう。しかし，まだ決めていない児童もいるであろう。友達の夢を発表し合う中で，十年後の自分の姿を前向きに想像し，希望がもてるようにしたい。そして，今考えている将来の夢の実現に向けて努力しているだろうか。なぜ，こんな夢をもったのかなどについて，たずねたいことや知らせたいこ

となどを手紙に書くのである。手紙を書く活動の相手意識・目的意識・場面意識・方法意識など明確である。節目で自分の将来の夢について考えて，自分あてに手紙を書くという単元は，非常に意義のある単元である。

5　指導計画　　１０時間

次	時	学習活動	評価規準
第一次		一　学習のめあてと方法が分かり，二十才になった自分を想像する。	
	1 2	○学習のめあてと方法が分かり，二十才の自分を想像する。 ○二十才の自分に伝えたいことを発表し合う。	・二十才になった自分を想像して，たずねたいことや知らせたいことをメモしている。
第二次		二　二十才の自分あてに手紙を書く。	
	3	○伝えたいことの中心がはっきりした手紙の書き方を知る。（手紙の書き方，構成）	・手紙のモデルを聞き，書き方について理解している。
	4	○二十才の自分に一番伝えたいことを決める。	・二十才になった自分を想像し，一番伝えたいことを選んでいる。
	5 6 7 8	○伝えたいことの中心を明確にし，組み立て表を作る。 ○組み立て表をもとに，手紙の下書きを書く。 ○前文・後付けなどの部分を書き，本文の下書きを表現に注意して推敲する。 ○手紙を清書する。	・組み立て表を書き，下書きを書いている。 ・伝えたいことの中心がはっきりしているかを考えながら推敲している。 ・字や文が正しく書けているか見直し，清書している。
第三次		三　書いた手紙を読み合い，交流する。	
	9 10	○友達の作品を読み合い，感想を交流する。	・友達の作品について，自分の意見や感想をもとうとしている。

6　指導の実際

> 1　「二十才のわたし」についてイメージをもたせる。

①夢を実現し，活躍する人の話を聞く。
②好きなことや将来の夢について考える。

> 2　児童の作品例から手紙の構成を調べる。

・前文（書き出しのあいさつ）
・本文1
　　（たずねたいこと　二十才の自分の姿（夢）について）

（知らせたいこと①夢のわけについての具体的な例）
・本文2
（知らせたいこと②夢に向かってがんばること）
・末文（結びのあいさつ）
・後付け（日付・自分の名前・相手の名前）

〔手紙の組み立て〕

手紙の形式	前文	本文1		本文2	末文	後付け
あて名 / 相手意識	相手の氏名 / 初めのあいさつ	たずねたいこと / 中心 将来の夢 / 伝えたいことの	① 知らせたいこと	② 知らせたいこと	結びのあいさつ	日付
相手の様子を聞く。自己紹介 / 二十才の〇〇さんへ こんにちは。お元気ですか。		○十才の今考えたこと・飼育員になりたいという夢・たずねたいこと・大学生として努力しているか。	・いつ飼育員になりたいと思ったか。○知らせたいこと①・事実 飼育員になりたいと思ったきっかけ	○知らせたいこと②・飼育員になるために頑張っていること	自分あての手紙なので、自分への励ましになっている。	自分の氏名

右端見出し: 手紙の形式

⬭ **3　将来の夢について考え，友達と交流する。**

①夢を実現した人の話を聞く。（イチロー，宇宙飛行士など）
②「将来の夢」を書き，交流する。
夢の決まっていない児童は，友達と交流して，考えて書く。

⬭ **4　だれに向けて書くのか（相手意識）を明確にする。**

・医者になるために，勉強を頑張っている二十才のわたし
・プロ野球選手になるために頑張っている二十才のぼく
・保育士になるために勉強を頑張っている二十才のわたし

⬭ **5　「二十才のわたし」に一番伝えたいことを決める。**

一番伝えたいことを決めて書く。
たずねたいこと
知らせたいこと①
知らせたいこと②

6 組み立て表を作る。（伝えたいことの中心を明確にする。）

手紙の組み立て

・前文
　　知らせたいこと①
・本文1　たずねたいこと
　　知らせたいこと①
・本文2　知らせたいこと②
・末文　さようならなど
・後付け
　　日付
　　自分の名前
　　（相手の名前）

7 組み立て表をもとに，下書きを書く。

伝えたいことが相手に伝わるような書き方の工夫

・言葉遣いを丁寧に書く。
・分かりやすい文で書く。
・一つの文を簡潔に書く。
・段落毎に行を変える。
・敬体と常体の違いに留意する。

8 前文・後付けを書き，推敲する。

推敲の観点

①伝えたいことの中心をはっきりさせて書いているか。」
②段落が適切に分けられているか。
③具体的な例が書かれているか。
④言葉の使い方は正しいか。
⑤文字の間違いはないか。
⑥敬体・常体の使い方。
＊修正，追加，挿入などについての簡単な書き方を指導
友達同士で読み合う。

＊よりよい文章になるように意見を述べ合う。
＊誉め合うことを大事にしたい。

9 清書する。

10 交流する。

交流学習

・友達の作品を次の観点で読み，気付いたことや感想の交流をする。

　＊十年後の姿，具体的な例がよく分かるところと書き方

　＊友達の考えや行動に共感したり，意見をもったりしたところ

　＊友達に対して新しく発見したこと，気付いたこと，思ったこと

交流学習の方法

①全体で発表し合う。

②コーナーを作り，数人ずつで発表し合う。

③グループで読み合う。

④ペアで読み合う。

意見や感想の伝え方

①口頭で伝える。

②メッセージカードに書いて交換する。

③付箋紙を貼り合う。

よいところを見付けて，

　　　褒め合うことを大切に！！

【コメント】

　二分の一成人式の時期，将来の夢について考え，「二十才のわたしへ」手紙を書いて交流することで，自分や友達の成長を確認することができます。将来の夢について考えることは，自己を見つめ，どんな人間になるべきかを問うことです。自己を見つめ直し，夢をふくらませるとともに，新しい学年への期待感をもたせるためにも大切に扱いたい単元です。

　また，友達と交流することで，友達の新たなよさに気付き，人間関係もよくなっていくと信じます。

国語 5年

言語活動　音読・朗読の指導
『大造じいさんとガン』

今回は，「単元を貫く言語活動」として，音読・朗読について考える。

1　学習指導要領での音読・朗読について

学年	【C 読むこと】(1)音読	【伝統的な言語文化と国語の特質に関する事項】	
		ア　伝統的な言語文化に関する事項	イ　言葉の特徴やきまりに関する事項
第1学年及び第2学年	ア　語のまとまりや言葉の響きなどに気を付けて音読すること。	(ア) 昔話や神話・伝承などの本や文章の読み聞かせを聞いたり，発表し合ったりすること。	(イ) 音節と文字との関係や，アクセントによる語の意味の違いなどに気付くこと。
第3学年及び第4学年	ア　内容の中心や場面の様子がよく分かるように音読すること。	(ア) 易しい文語調の短歌や俳句について，情景を思い浮かべたり，リズムを感じ取りながら音読や暗唱をしたりすること。	
第5学年及び第6学年	ア　自分の思いや考えが伝わるように音読や朗読をすること。	(ア) 親しみやすい古文や漢文，近代以降の文語調の文章について，内容の大体を知り，音読すること。	(カ) 語感，言葉の使い方に対する感覚などについて関心をもつこと。

2　言語活動としての朗読発表

(例)『大造じいさんとガン』

1 言語活動

作品を自分なりにとらえ，朗読発表しよう　　　朗読発表会をしよう

2 単元名

『大造じいさんとガン』　椋　鳩十　作　　（光村図書）

3 単元の目標

◎　自分の思いや考えが伝わるように音読や朗読をするとともに，優れた叙述について自分の考えをまとめることができる。

◎　優れた表現によって，直接書かれていない人物の深い心情や性格について想像し，自分なりの読み方で朗読することができる。

4 指導計画

	学　習　活　動	並行読書
第一次	1　朗読発表会の方法を聞き，学習の課題と方法が分かる。 (1)　『大造じいさんとガン』の範読を聞く。 (2)　課題を確認する。 　・二次では，『大造じいさんとガン』を読んで，感動した場面を選び，その根拠をまとめ，朗読発表をする。 　・三次では，椋鳩十作品を並行読書し，感動した作品を一冊選び，その感動した場面を選び，その選んだ根拠をまとめ，朗読発表する。 (3)椋鳩十作品の朗読のモデルを紹介する。	・ブックトークや図書紹介をする。 ・椋鳩十の作品コーナーを常設する。 ・並行読書をする。 ・月の輪グマ
第二次	2　ストーリーの展開（あらすじ・できごと）をとらえ，朗読の場面を選ぶ。 (1)　5W1Hを表にまとめる。 (2)　クライマックス場面を見つけ，人物の心情の変化や登場人物の相互関係を捉える。（主人公の気持ちの大きな変容の場面・学級で一番感動した場面など） 【3の場面】 ①大造じいさんの行動や台詞，独り言，つぶやきなどを気持ちを込めて，音読（朗読）する。 ②優れた情景描写から大造じいさんの深い心情や性格について想像し，自分なりの読み方を工夫して朗読をする。 ③感動した場面を選び，選んだ根拠をまとめ，感動が伝わるように，朗読の工夫をする。 【4の場面】 ①大造じいさんの残雪を大空に放すときの台詞を，気持ちを込めて，朗読する。 ②感動した場面を視写し，朗読ノートを作成して，朗読の練習をし，発表する。 (3)　朗読発表をする。（ペア・グループ）	・母グマ子グマ ・黒ものがたり ・片耳の大シカ ・金色の足あと ・山の太郎グマ ・栗野岳の主 ・犬太郎物語 ・金色の川 ・森の王者
第三次	3　椋鳩十作品を並行読書し，感動した作品を一冊選び，感動した場面を朗読発表する。 (1)　感動した場面を朗読練習する。 　①感動した場面を視写する。 　②選んだ根拠をまとめる。 　③朗読ノートを書く。 　④朗読の練習をする。 　⑤同じ作品を選んだ同士でグループを作り，練習する。 (2)　朗読発表会をする。	

(1)　**音読・朗読は，聞くことを意識させることが大切である。**そのために，自分の音読・朗読を自分の耳で聞きながら音読・朗読する習慣を付けたり，友だちに聞いてもらって評価し合うようにする。

・音声は、消えてしまって残らない。そこで、朗読（音読）ノートを作り、朗読（音読）の工夫の跡を残すとよい。相互評価もしやすい。相互評価の時は、朗読ノートを見ながら聞いてあげる。

場面	選んだ根拠	感動場面の視写と朗読のポイント
４の場面　残雪を大空に放す大造じいさん	私は四の場面「残雪を大空に放す大造じいさん」の場面を選びました。 その理由は、大造じいさんが残雪のおかげでりっぱな狩人になることができたからです。 その喜びがあふれるように朗読します。	ある晴れた春の朝でした。〈〈（転調　明るく　さわやかに　ゆっくりと） じいさんは、おりのふたをいっぱいに開けてやりました。〈〈（喜びを表すように） 残雪は、あの長い首をかたむけて、とつぜんに広がった世界におどろいたようでありました。が、〈〈（力強く／バシッ。／はやく） 快い羽音一番、一直線に空へ飛び上がりました。（ゆっくりと　美しい情景を思い浮かべて／はやく） らんまんとさいたスモモの花が、その羽にふれて、雪のように清らかに、はらはらと散りました。〈〈 「おうい、ガンの英雄よ。〈〈（うれしそうに　呼びかけるように　大きな声で　尊敬の気持ちをこめて） おまえみたいなえらぶつを、おれは、ひきょうなやり方でやっつけたかあないぞ。 なあ、おい。〈 今年の冬も、仲間を連れてぬま地にやって来いよ。 そうして、おれたちは、〈〈またたくく堂々と〈〈戦おうじゃあないか。」 大造じいさんは、花の下に立って、こう大きな声でガンによびかけました。 そうして、残雪が北へ北へと飛び去っていくのを〈晴れ晴れとした顔つきで見守っていました。〈〈（ゆっくりと　見守るように） いつまでも、〈いつまでも、〈〈見守っていました。（見えなくなるまで　いつまでも　見守るように　ゆっくりと）

①間をとる。　・〈一つあけ　〈〈二つあけ

②間なし　・句読点があっても間をあけないで読む。

③強調　・言葉の意味や内容を強調して読む。

④速さ　・スピードをつけて、速く読む。

⑤声の上げ下げ　・・・・・・　ゆっくりと、思いをたっぷり入れて読む。

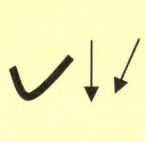

しり上がり
しり下がり
調子を変えないで
下がって上がる。

⑥ひとりごと　・つぶやき。頭の中の言葉。

⑦区切り　（　）の中はひとつながりに読む。

⑧転調　これまでの読みの調子を変える。声の調子を新しくして読み始める。

⑨声の大きさ　①②③④⑤　・①は最小、⑤は最大の声の大きさ　①③は普通、

＊印だけでは微妙な気持ちの違いを書き表すことができないときは、文のそばに短い言葉を書く。

・明るく、はずんで　・おこったように

・緊迫感が伝わるように　・あわてて

・うれしそうに　・おそるおそる

・笑いながら　・呼びかけるように

・やさしそうに　・問いかけるように

・喜びを表すように　・ばかにしたように

・ささやくように　・思い出して

・はずかしそうに　・暗く、沈んで

・泣きそうな声で　・どなる

・くやしそうに　・口ごもって

・さびしそうに　・いばったように

・がっかりして

音読・朗読をするときの主な原則

① 高低イントネーション…文の初めは高いトーンから入っていく。

② プロミネンス…中心になる言葉をはっきりさせる。強調しすぎることはないが、はっきりさせることは必要。

③ 間…わざと取るのではなく、読み手が文章の内容に入ってくると、自然に生まれてくる。

④ 転調…段落の変わり目、地の文と会話文の切り換え、語句の後や時には読点の後にトーンを変える場合がある。

⑤ 助詞力み…助詞のところで読点が打たれていることが多いが、そこで、立ち止まって助詞を力んでしまうと耳触りである。

⑥ 句読点の扱い…はっきり切って読むべきか、ちょっと止まるだけで一つの息で続けた方が意味通りになるか、調べていく。（一般に読点の後は高く入ることが多い。）

⑦ 呼吸と読みのスピード…息を十分吸って読む。聞き手が文章全体の意味・内容を理解できるスピード。

⑧ 全体のトーン…明暗や色調を大切にし、作品の生命が損なわれないようにする。

⑨ ぶつぶつ切れた読み…文章が内容的に全体のまとまりを欠いた表現になってしまうから、ぶつぶつ切れた読みは伝わらない。

朗読指導のポイント

◎ 他人に伝えるために朗読すること。

① 相手が聞き取れるよう、正しい発音をする。

② 地の文、会話文を調子やリズムを工夫して読む。

③ 作者の意図や文章の主題が、聞き手に分かるように読む。

④ 音読によって読み取ったことを確かめたり、深めたりする。

⑤ 登場人物、心情や場面の情景を味わいながら読む。

⑥ 間・強弱・抑揚・イントネーションに気を付けて、人物の気持ちや情景が聞き手によく伝わるように朗読する。

【コメント】
　言語活動として朗読発表会をするときの教材研究は、いかに朗読をするかを朗読ノートに書き込みをすることが大事です。その朗読ノートを見ながら朗読の練習をすることが、教材研究で最も大切にしなければならないことです。

多様な見方をもとに考えを深める
『ぼくの世界，きみの世界』

　6年生は，自分に対する関心が高まり，自我の目覚めを感じさせる言動が目立つ時期である。そんな時期に，はじめての論説文である『ぼくの世界，きみの世界』を読み，それぞれの子ども達が，「一人きりの自分」や「自分だけの心の世界」について考え，「心を伝え合うための努力」をすることの大切さを真剣に考え，言葉で伝え合うことの楽しさを体験してほしいものである。

1　単元名　多様な見方をもとに考えを深める
　　教材名　『ぼくの世界、きみの世界』 西　研　作（教育出版）

2　単元の目標　（　）は学習指導要領対応項目
◎　自分の考えを広げたり深めたりするために，書かれている内容について筆者の主張をとらえ，自ら考えをもちながら読むことができる。（C 読むこと（1）ウ）
・筆者の主張とその根拠を読み取り，取り上げた例や構成の工夫を理解し、自分の考えを明確にしながら読むことができる。（C 読むこと（1）ウ）
・自分の考えを広げたり深めたりするために，必要な図書資料を選んで読むことができる。（C 読むこと（1）オ　カ）
◎　自分の課題について調べ，事実と感想，意見を区別し，自分の考えを明確に表現するため，文章全体の構成の効果を考えて書くことができる。（B 書くこと（1）ア　イ）
○　文章にはいろいろな構成があることについて理解することができる。（伝国（1）イ（キ））

3　評価規準

関心・意欲・態度	読むこと	書くこと	言語事項
○意欲的に，テーマにそった本を読もうとしている。	○自分の考えを広げたり深めたりするために，必要な図書資料を選んで読もうとしている。（C 読むこと(1)オ　カ） ○書かれている内容について事実と感想,意見などとの関係を押さえ，自分の考えを明確にしながら読もうとしている。（C 読むこと(1)ウ）	○目的や意図に応じて，自分の考えを効果的に書こうとしている。（B 書くこと（1）ア　イ）	○文や文章にはいろいろな構成があることについて理解すること。（伝国（1）イ（キ））

4 単元の学習計画

	学 習 活 動	並行読書
第一次 （1時間）	1　単元全体の学習計画を立てる。・・・・・・・・・・・・（1時間） 　意見文を書く・・・モデルを示す ○『ぼくの世界，きみの世界』という題名を読み，考えたことを話し合う。 ○『ぼくの世界，きみの世界』を読む。 ○　感想を話し合い，学習計画を立てる。	・哲学のモノサシ
第二次 （5時間）	2　『ぼくの世界，きみの世界』を読む。・・・・・・・・・・（4時間） 　○文章構成をとらえ，要旨をまとめる。 　・全文を四つに分ける。（文章の構成をとらえる） 　　①序論　②本論Ⅰ　③本論Ⅱ　④結論 　・要点を書き抜き，要旨をまとめる。 　①序論　②本論Ⅰ（四つに分ける）　③本論Ⅱ（四つに分ける）　④結論 　○要旨の根拠を書く。　　　　　　　　　　　　　　　（指導の実際案） 　・要旨に関しての自分の考えをまとめる。（経験を交えて） 　○交流する。（グループで交流する。） 3　筆者の述べ方について調べる。・・・・・・・・・・・・・（1時間） 　○文章構成 　○例の挙げ方…例の役割 　①分かりやすい。②読者の興味や関心を起こさせる。 　○問い・答え	
第三次 （6時間）	4　身近なことから課題を見つけ，それに対する自分の考えを書く。 5　課題を決め，課題にあった読書をし，資料を集める。 6　構成を考え，意見文を書く。 　○構成メモを書く。 　・①序論　②本論Ⅰ　③本論Ⅱ　④結論 　・頭括型・尾括型・双括型のいずれか。 　○抽象的な文，まとめの文，問いの文，答えの文，意見の文 　○問いと答え 　○どんな例を取りあげるか。 　○意見文を書く。 7意見文を紹介し合い，意見を交流する。 8紹介された本を読む。	

5 指導の実際

（1）本時の目標
　○筆者の主張とその根拠を読み取ることができる。
　○筆者の主張に対し，自分の立場や意図を明確にして交流し合うことができる。

(2) 展開

> 1 学習の目標と方法をつかむ。 　筆者の伝えたいことは何か。 　一斉

> 2 課題を解決する。筆者の主張にサイドラインを引き，ノートに書く。 個

- ○ 人は，「自分だけの心の世界がある」ことに気づき，「一人きりの自分」を知ることにつながる。
- ○ 自分の思いは，だれかに伝えようとしないかぎり，だれとも分かち合えないし，だれにもわかってもらえない。
- ○ だからこそ人は，心を伝え合うための努力を始める。

> 3 筆者の主張を支える根拠にサイドラインを引き，ノートに書く。 　個

人は，「自分だけの心の世界がある」ことに気づき，「一人きりの自分」を知ることにつながる。

うすぐらい電球の例・・・

- ・ぼくだけにそう見えているんじゃないか。
- ・自分に見えているものがほかの人にも同じように見えている保証はどこにもない。

あまみや痛みの例・・・

- ・あまみや痛みのような感覚は，すべての人に共通しているといえるか。
- ・自分の感じていることとほかの人の感じていることが同じであるという保証はどこにもない。

自分の思いは，だれかに伝えようとしないかぎり，だれとも分かち合えないし，だれにもわかってもらえない。

言葉のキャッチボールの例・・・

- ・おたがいがわかり合えないということではない。
- ・言葉や表情をやりとりすることによって，それなりに心を伝えたり，受け取ったりしている。

人は，心を伝え合うための努力を始める。

- ・自分だけの心の世界があるからこそ，自分の思いを伝えようとすることが大切だ。

> 4 筆者の主張をまとめ，それについての自分の考えをまとめる。 　個

筆者の主張を，根拠を明確にして，まとめるといいね。

自分の体験とあわせて，筆者の主張に対して，自分の考えが書けるといいね。

> 5 交流し，書き加える。 　　　　トリオ 個

交流の時は，自分の考えを明確にして，発表するといいね。 　**頭括型**

> 6 発表する。 　　　　　　　　　　一斉

6 教材研究 『ぼくの世界、きみの世界』 西 研 六年（教育出版） 文章構造図

構成	段落	構成のまとめ	要点
序論	① ②	小学校四、五年生のころの「うす暗い電球事件」の体験	①小学校四年生か、五年生だったころのこと。 ②うす暗い電球を見ていた時、うかんだ考え。
序論	③ ④		③電球の見え方は、自分以外の人には、全然ちがったふうに見えているかもしれない。（不確実な判断） ④もちろん、（前段落への付加説明）そういう思いが不思議で、心細く感じがしたことを、今でもはっきり覚えている。
本論I	⑤ ⑥	感覚はすべての人に共通しているか。（本論Iの問題提示）	⑤この体験は、人に話すほどの意味があるとは、思えなかった。 ⑥だが、（前の説明の逆の内容）大人になって、同じような体験があるという人がかなりたくさんいるとわかっておどろいた。それどころか、哲学を研究する人たちの世界では、昔から大真面目に議論されてきた問題だった。
本論I	⑦	あまみや痛みのような感覚は、すべての人に共通しているといえるか。	⑦例えば、（以下に例が示される）あまみや痛みのような感覚は、全ての人に共通しているといえるか、という問題がある。
本論I	⑧ ⑨ ⑩	①あまみを例にした説明	⑧きみの感じているあまみと、友達が感じているあまみが同じだ、と言いきれるだろうか。 ⑨まず、（順序）あまみの「程度」がずいぶんちがっているかもしれない、ということだ。 ⑩また、（説明の付加）それぞれが、全くちがった感覚を口の中に感じていて、ただ「あまい」という言葉だけが共通している、ということも考えられるのである。
本論I	⑪	②痛みを例にした説明	⑪痛みについても同じようなことがいえる。自分がこれまでに感じてきた痛みと、友達が感じている痛みが同じであるとは、証明できないのだ。
本論I	⑫	まとめ	⑫独りぼっちで置き去りにされたような気持ちがしてくるかもしれない。
本論II	⑬	人と人は、永遠に理解し合えないのだろうか。（本論IIの問題提示）	⑬結局、（結論を示す）人と人は、永遠に理解し合えないのだろうか。
本論II	⑭	そうではない、とぼくは思う。	⑭そうではない、とぼくは思う。
本論II	⑮	アニメのおもしろさを例にしたぼくの答え	⑮二人で、「言葉のキャッチボール」をしているとき、きみは、友達が、きみと同じようにこのアニメが大好きで、うれしくて気持ちをはずませていることを、疑いはしないだろう。
本論II	⑯ ⑰ ⑱	しかし、	⑯疑いをもつとしたら、作り笑いの表情が見えたり、言葉のはしばしから無理を感じたりしたときだけだ。 ⑰言葉のキャッチボールをしていると、自分と相手が同じように感じているところだけでなく、それぞれの感じ方のちがいに気づかされることもある。 ⑱おたがいのちがいがわかった、ということになり、もう少し相手の気持ちを知りたくなったら、「どうして？」とか「どんな感じ？」というふうにたずねてみればいい。たずね合うことで、わたしたちは、少しずつ、おたがいの気持ちの細かいところもわかっていく。
本論II	⑲	また、／まとめ	⑲おたがいの心を百パーセント理解し合うことは不可能だとしても、言葉や表情をやりとりすることによって、わたしたちは、それなりに心を受け取ったりしているのである。
結論	⑳ ㉑ ㉒	結論	⑳あの「うす暗い電球事件」のことを、「自分には、自分だけの心の世界がある」という気づきから生まれてきたものだろうと思っている。 ㉑「自分が感じていること」を、ほかの人が感じていることが同じであるという保証はどこにもない。」という思いに発展していったのにちがいない。 ㉒自分の思いはだれかに伝えようとしない限り、だれとも分かり合えないし、だれにもわかってもらえないという事実に直面することはさびしいことだが、だからこそ、人は心を伝え合うための努力を始めるのである。

文章構成図

序論	① ② ④ ③
本論Ⅰ	⑤ ⑥ ⑦ ⑪ ⑧ ⑩ ⑨ ⑫
本論Ⅱ	⑬ ⑭ ⑱ ⑰ ⑯ ⑮ ⑲
結論	⑳ ㉑ ㉒

● 言語事項

文と文、段落と段落をつなぐ接続の関係

○もちろん・・・・・・・・前段落への付加説明
○だが・・・・・・・・・前の説明とは逆の内容を示す
○それどころか・・・・思いもよらずという意味が加わる
○例えば・・・・・・・・例が示される
○まず・・・・・・・・・説明の順序を示す
○つまり・・・・・・・・言い換えること・説明を補う
○また・・・・・・・・・説明の付加
○でも・・・・・・・・前の事柄と対立する事柄がくる
○結局・・・・・・・・結論を示す
○なぜなら・・・・・理由・・根拠が示される

● 文末表現

○○○○○「～かもしれない」・・・・不確実な判断や予想
○○○「～のだ」
○○○「～のである」・確定・判断・強い主張を表す
○○○「～だろうか」・・・読み手への疑問の投げかけ
○○○「～にちがいない」・・・強い断定
○○○「～としよう」・・・・提案
○○「～だろう」・・・・推量・断定
○○「～しないだろう」・・否定の推量
○○「～だけだ」・・・・限定・断定
「～もある」・・・・追加

【コメント】
　今後論説文などを読む機会も増えることでしょう。そんな折，筆者の主張を読み取ることはもちろん重要ですが，それよりも，その筆者の主張に対する自分の考えがどうなのかをまとめ，友達と交流することがとても大事だと思います。交流することで，自分のひとりよがりな考えに気づいたり，さらに自分の考えを深めたり，高めたりすることができます。

はなまるサポートアップ一覧

https://www.djn.co.jp/support/

＊以下の内容は，はなまるサポートの「今月の学習指導ポイント」で見ることができます。

No.	学年	タ イ ト ル	年　月
1	1年	「どうぶつの赤ちゃん図鑑」をつくろう（1学年）	2014年 02月
2	1年	おはなしを たのしもう（1学年）『たぬきの糸車』	2014年 01月
3	2年	書くことの指導『スーホの白い馬』の紹介文を書く	2012年 02月
4	2年	書くことの指導（2年 詩を書く）	2012年 01月
5	3年	読むこと（物語文）の指導『海をかっとばせ』	2013年 06月
6	3年	読むこと（説明文）の指導『イルカのねむり方』	2013年 05月
7	3年	本で調べて報告文を書く指導（よい聞き方・よい話し方）	2013年 01月
8	3年	話すこと・聞くことの指導（3年）	2012年 05月
9	4〜6年	短歌の学習（百人一首大会をしよう！）4年生以上	2011年 12月
10	4年	詩の指導『忘れもの』	2013年 08月
11	4年	「二十才のわたしへ 手紙を書こう！」の指導	2013年 03月
12	4年	詩の指導『忘れもの』	2012年 08月
13	4年	読むこと（説明文）の指導（4年）『花を見つけるてがかり』	2012年 07月
14	4年	読むことの指導（4年）『一つの花』	2012年 06月
15	5年	「感動をまとめよう！」の指導 5年	2012年 03月
16	6年	多様な見方をもとに考えを深める『ぼくの世界，きみの世界』	2014年 12月
17	5年以上	言語活動 音読・朗読の指導『大造じいさんとガン』	2013年 10月
18	全	みんなで詩の音読をしよう！『ありがとう』	2014年 04月
19	全	伝統的な言語文化に慣れ親しむ指導　かるたを作って遊ぼう！！	2013年 12月
20	全	伝統的な言語文化に慣れ親しむ指導（1・2年）「民話や昔話」	2013年 11月
21	全	国語科を中心に据えた学級経営を！！『一つの言葉』	2013年 04月
22	全	手紙文を書く指導	2013年 02月
23	全	かるた遊びを学習に取り入れよう！	2012年 12月
24	全	読書習慣をつくる指導	2012年 11月
25	全	物語の指導（単元を貫く言語活動）『かさこじぞう』『大造じいさんとガン』	2012年 10月
26	全	伝統的な言語文化に慣れ親しむ指導「短歌・漢詩」	2012年 09月
27	全	音読指導を系統的・継続的に！	2012年 04月
28	全	授業の前に板書の計画を！！『ごんぎつね』	2011年 11月
29	全	漢字指導	2011年 10月
30	全	伝統的な言語文化に慣れ親しむ指導	2011年 09月
31	全	詩の指導	2011年 08月
32	全	読書習慣をつくる指導	2011年 07月
33	全	読むことの指導	2011年 06月
34	全	音読指導を系統的・継続的に！！	2011年 05月

算数編

山﨑　憲（教育同人社初等教育研究所　算数科部長）

Profile
　元東京都算数教育研究会会長。
「小学校時代から現在までで, 今が最も算数が好き」と, 小学校退職後も算数教育に没頭し, 現職時代に引き続き, 年に数回研究授業も試みている。
　現在東京学芸大学非常勤講師として初等算数科教育法を担当。また, ボランティアとして, 東村山市全6年生児童の希望者を対象に算数教室を開催し, 算数好きの子どもの育成を目指している。

メッセージ

<わたしの失敗>

　初めて5年生の担任になった時のことです。円周率の指導で, 各自, 家から茶筒を持って来させました。当時茶筒を使うのは円周率の定番の指導方法でした。「円周を測定し, 直径で割ると, みんなが3.14になって, それを円周率という」というものです。私は, うまく3.14を出せない子どもたちに, こう言って慰めました。「いいんだよ。君たちはまだ測り方が上手じゃないんだから, こういう数になるのさ。もっと専門的に測れば必ず3.14になるんだから。」と。この言い方（指導？）は, 私が子どもの頃に担任の先生から教えられたこと, そのものでした。

　2年後, 異動先の校長先生に「君は確か算数科出身じゃなかったかね？」「もっと算数の勉強をした方がいいよ。」と勧められ, 嫌々参加した算数の研究会。そこで例の円周率の指導が展開されていたのです。「円周率は, 誰が測定しても正しく出せるわけがない。そもそも「正しい」と誰が証明するのですか。だからアルキメデスは, こんな方法で「計算によって」求めようとしたのです。」という先輩の先生の話を聞き, 大ショック。私は子どもたちに間違いを教えていたのだ！教科書が間違っていたのか？否, 教科書や指導資料をよく読み込むと, 「3より大きく4より小さい値があることを, 計算によって求めていくのであるが, どんな場合も, 大体3.1…ぐらいになる, どうやら一定の数値があるらしいことを体験させる…」となっていたのです。このことがあってから, 私は算数教育に入り込みました。そして「教材研究」の大切さを先生方に説いているつもりです。あの5年生に詫びながら…。

　指導の基本は「教材研究」ということは分かっていても, 「こういう指導でいいんだ」という先入観で, 「経験則」による指導に陥りやすいのです。年度初めの気持ちの新たなとき, 指導観を見直し, 自らの指導に磨きを掛けるいいチャンスと捉えましょう。

「算数」でつくる学級
～年度当初はどんな心構えが？～＜「判断基準」「根拠」＞

いよいよ新学期です。4月は子どもたちも先生方もみんな気持ちがうきうきしています。どんな先生に出会うのかな？どんな勉強が始まるのかな？どんな子どもたちなんだろう。どんな学級を創って行こうかな？等々，夢や希望も膨らみます。

そこで今回は，算数好きを育てるための第一歩について述べたいと思います。

1 「簡単」「簡潔」「明瞭」がいい

「いくみさんはこの1週間で毎日新しいお友達をふやそうと思いました。月曜日は3人，火曜日は5人，水曜日は4人，木曜日は4人，金曜日は5人，土曜日は3人，日曜日は近所のお友達を4人ふやしました。この1週間でいくみさんのお友達は何人ふえましたか？」

この問題では，どんどんふえるのですからたし算だということはすぐに分かると思います。では，どんな式になるのでしょうか。

A君：$3+5+4+4+5+3+4＝28$
B君：$3+5＝8$
$8+4＝12$
$12+4＝16$
$16+5＝21$
$21+3＝24$
$24+4＝28$
C君：$4+4+4+4+4+4+4＝28$
D君：$2+1+1+2+1＝7$
$3+3+3+3+3+3+3＝21$
$7+21＝28$

それぞれが一生懸命工夫して問題を解こうとしています。このように子どもたちが自力解決したら，先生はどんな取り扱い方をしたらよいのでしょう。

先生は，まずAやBを取り上げます。それは，立式を問題にしているからです。そこで子どもたちに考えさせるための「よりよい考え方」の尺度が必要です。それが「簡単」「簡潔」「明瞭」です。私は「かんたんで」「むだがなくて」「わかりやすい」と指導してきました。これは算数の学習を進める上で基本的な望ましい数学的な態度です。学級の壁面に目標とする標語を掲示している場面をたくさん見ます。是非，これを1年間の話し合いの視点にしていくとよいと思います。

話を戻しましょう。AとBでは，よりよい表現はどちらでしょうか。「式は，その問題に出ている数値を使う」というのが原則です。その点で考えるとどちらでもよさそうです。つまり「わかりやすさ」は両方とも満足。では「かんたん」「むだがない」という視点ではどうでしょうか。つまり，この場合はAの方がよさそうです。このようにして納得させながら取り上げた内容を吟

味していくことが大切です。

さて，それではCやDはどうでしょうか。これらは式表示という点では分かりにくいのですが，計算の仕方という点ではとても面白い工夫をしていると見ることができます。計算をより「かんたん」に，より「むだなく」するための工夫として，計算の段階で取り上げてあげるべきでしょう。この式表示を見て，子どもたちが計算方法をよむことができたらより効果的ですね。

よく，「要領の悪い子ども」と言われる子どもたちがいます。事実，私もそうでした。まともに捉えすぎて，面倒な処理の場面に出会っても，工夫を考える視点を持てずにただひたすらコツコツ作業を進めるタイプの子どもです。このような子どもたちにこそ，この3つの視点は必要なのです。「わかりやすい」が「かんたん」でもないし「むだも多い」。この子どもたちが「ここをくふうしてむだをなくした」と考えられたら，「要領の悪い子ども」からの脱却の兆しです。そのためには先生の，子どもたちの取り組みへの価値付けが大切です。その子の「簡単」「簡潔」「明瞭」のどの視点が育っているのか見極め，育てていきましょう。

「簡単」「簡潔」「明瞭」は，どの領域でもどの学年でも重要な視点です。自力解決，グループ討議，全体での練り上げなどの際，常にこの視点で思考できるよう，年度当初から取り扱っておきましょう。

2　「根拠」を持つことの大切さを

算数に限らないと思いますが，その子の意見の背景には必ず「根拠」が存在します。その「根拠」は，妥当なものからちょっと薄いものまで様々です。しかし，子どもは自分なりの根拠で意見を述べますから，もしその根拠をすぐに否定されると，おそらくもう意見を言わなくなるでしょう。私たちは，「何故？」「どうして？」と子どもたちに問うことが多いのです。それはとても大切なことですが，その質問に対する答えがどのような根拠であっても認めてあげたいものです。

そこで，「意見を言ったらその根拠を加える」というルール，つまり「わたしはこのように思います。その根拠は○○○○だからです。」のように発表できる環境作りをしましょう。

私は「根拠」には3つの種類があると思っています。

> ①類推的な考え方による根拠
> ・「あの場合に似ているからこうなるんじゃない？」
> ・「この前もこうだったから，これも同じさ。」
> ・「□が△に変わっただけだから。」
> ②帰納的な考え方による根拠
> ・「他の数でもやってみたらできたから。」
> ・「こんなきまりになりそうだから。」
> ③演繹的な考え方による根拠
> ・「習ったことを使うとこう言えるから。」
> ・「これならみんなが認めるから。」

この中で，特に大切にしたいのは，①の根拠です。これは類推による根拠ですから時には誤った類推もあり，ある意味では「薄い根拠」かも知れません。しかし，この①が堂々と言えるクラス

はとても素敵なクラスだと思いませんか？子どものほんの些細な気づきを根拠として意見が言えるクラスなら，そしてみんながそれを認められるクラスなら，算数が楽しいクラスになるでしょう。例えば，平行四辺形の求積公式を見つける場面で，A君は「横の辺」×「斜めの辺」と言いました。その根拠は「この形は長方形に似ていて，長方形の時には隣同士の辺を掛けたから」ということです。これは，誤った類推による根拠ですが，見方を変えると「2つの長さのかけ算で求められそうだから」という活かし方に繋げられる大切な発言です。つまり，その考えを受け入れるだけでなく，その根拠を活かすようにすることができたらいいですね。

　根拠の言える学級づくりでは，

　(1)　①，②，③のような根拠が言えるクラス。できれば③が望ましいが，まずは①から。

　(2)　誤った根拠，薄い根拠も，まず受け入れるクラス。

　(3)　その誤った根拠，薄い根拠を活かして問題解決に繋げようとするクラス。

を目指したいです。これはとりもなおさず担任の先生の姿勢そのものです。先生がその姿勢で常に臨めば，子どもたちは自然に育ってきます。

3　「学び合う」ための環境作り

　「3人寄れば文殊の知恵」と言われます。みんなの力を集めて問題を解決することはとても楽しいことです。しかし，「文殊の知恵」はその3人がそれぞれの力を発揮したときに現れるもので，誰かがただ他の人に頼りっぱなしではうまくいきません。私たちは授業の途中で，「では隣の人と相談してご覧なさい」「グループで話し合って」などと指示することが多いです。そんな時，ただAさんがBさんに教える場になっていたり，グループの中が沈黙だけで終わってしまったりすることはないでしょうか。学び合う機会をどのように設定し，授業に活かすのか，そのための環境作りは？…少し考えてみませんか。

(1)　相談する「目的」を明確に

　「話し合って」と言われても何を相談したらよいのか，何のために相談するのか不明確な場面があまりにも多く見られます。・「どちらの考えがよいでしょう」・「発表する役割を決めましょう」・「お互いに発見したことを合体してご覧なさい」・「みんなの発表の中で一番よいと思ったのはどれか，その訳はどうしてか，グループで考えがまとめられませんか」・「やり方を説明するだけじゃなくて，隣の人に同じようにやってもらいましょう」…のように「目的」を明確にさせることです。言い換えれば，子どもたちが「今，何のために相談しているのか」がはっきり言えるようにすることです。

(2)　効果的に相談するグループ作り

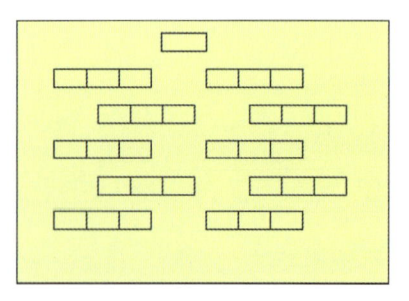

　学級の様々な実情にもよりますが，私は3人グループをお勧めします。その3人の編成は，違う質の3人がよいでしょう。そして真ん中にリーダーを置きます。

　学級の人数にもよりますが，4人や6人よりも3人グループの方が相談はスムーズにいくようです。しかも，3人ならそれぞれのよさが発揮できます。言い換えれば，3人それぞれに役割を持たせるのです。例えば「発表担当」「質問担当」「表現担当」な

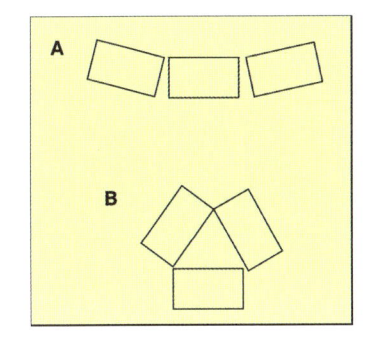

どのようにそれぞれの子どもの得意分野を割り当てます。

　また，同じ3人グループでもAやBのような配置があります。Bのような配置で面積の求積のアイディアなどを検討させた場合，グループの中には図や式が逆さに見える子が出てきます。これでは話し合いはうまくいかないでしょう。そこで図や式などを見ながら考えるときは同じ方向で見やすい「A」をお勧めします。この場合，相談の進行は真ん中の子どもに頼みます。一方，論点がはっきりしていてお互いの主張を述べ合う場面などでは，お互いの表情を見ながら話し合う必要があります。これは算数ではあまり用いない，むしろ道徳や学級会などで効果を発揮する「B」のスタイルというように使い分けるとよいでしょう。

(3) 全体での話し合いはＩＣＴを

　「発表・検討」の場で話を進めるために，教師はあらかじめ小黒板やホワイトボード，画用紙などに子どもの考えを書かせ，それをもとに説明させることが多いです。しかし，意外にその情報は子どもたちに伝わっていないのです。文字が小さくて見えない，意味がわからない etc…。そこで実物投影機，プロジェクターなどの利用をお勧めします。よく，「ＩＣＴ利用」は画像が消えてしまい，残らないので検討しにくいという声が聞かれます。その問題は工夫次第で解消できます。ある学校では一人が説明している間にもう一人が黒板に板書したり，ある学校では説明していることを子どもの代わりに教師が板書したりするなど，発表内容を残して後で検討する工夫はできるのです。

【コメント】

　さて，学級作りは(1)(2)のような「ソフト」的な事柄と(3)のような「ハード」的な部分の両面からしていく必要があります。どちらもそんなに簡単にできることではありません。徐々に実行していくことです。できるところから少しずつ始め，積み上げていき，「算数の授業が楽しい」という学級を目指しましょう。そして自分なりのスタイルを作り上げてください。

算数 1年
「ひろさくらべ」の指導

1　量の比較，測定について

　1年生では，量と測定の学習の入り口として，「ながさ」，「かさ」，「ひろさ」を扱います。1年生の量と測定領域での目標は次のようです。

> (2)　具体物を用いた活動などを通して，量とその測定についての理解の基礎となる経験を重ね，量の大きさについての感覚を豊かにする。

　このことを具体化すると，下図の赤線で囲った内容の指導ということになります。これらを「ながさ」「かさ」「ひろさ」の量を通して学習します。

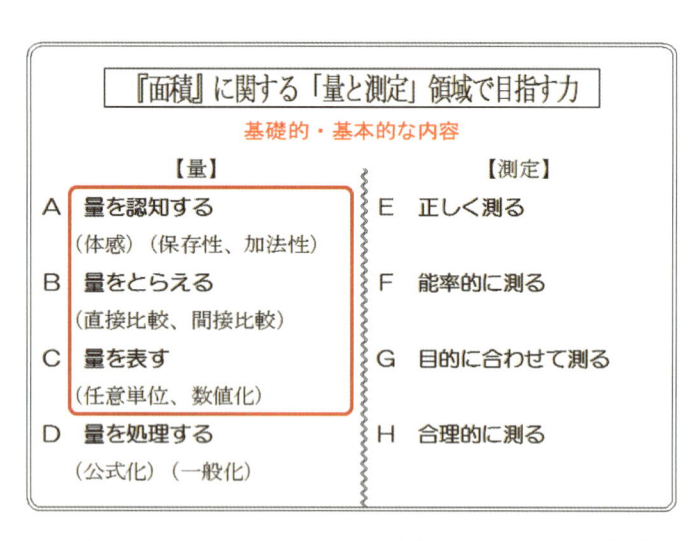

　「ながさ」の学習では，長さという量が日常生活の中でどのように表されているか，また子どもたちが生活の中で基礎的経験としてもっている長さの加法性（長さをたすことや引くことができる），保存性（形を変形しても大きさは変わらない）について気づかせ，価値づけます。また，「ながさくらべ」を通して直接比較（端をそろえて，まっすぐにして比べる），間接比較（直接比べられないものの長さを，他の長さで写して比べる）をし，「違いはどれだけか」という発問を通して「ながさ」を基準とする単位（けしごむや鉛筆などの身の回りのものの長さ）のいくつ分で表し，数値化することによって長さを測定する経験をします。

　その後行われる「かさ」の学習も，「ながさ」の学習と同じような手順で進めます。上の図のA，B，Cの内容を身につけるのです。従って，「ひろさ」の指導に当たっても同じような指導の手順が大切です。ほとんどの教科書の配当時数が1時間であり，その内容も「陣取りゲーム」に代表される任意単位による測定に時間を割いています。これは，「ひろさ」の直接比較や間接比較は省いてよいということではありません。「ながさ」や「かさ」の指導の時と同じように扱いますが，量の比較の見方が育ってきているので時間を多く掛けなくても理解できると考えた扱いなのでしょう。実際，指導計画にも盛り込まれてはいます。私は，あと1時間増やしてもよいから既習の2量と同じように比較についての問題場面も丁寧に扱った方がよいと思っています。

2　「ひろさ」くらべ

(1)　直接比較を想定した場の設定

　①初めに1枚の紙を提示する。この紙の広さとはどこなのか指導する。

②次の４枚の紙を提示し，広い順を決めさせる。その際，どうしてそうなのかその理由も言えるようにさせる。

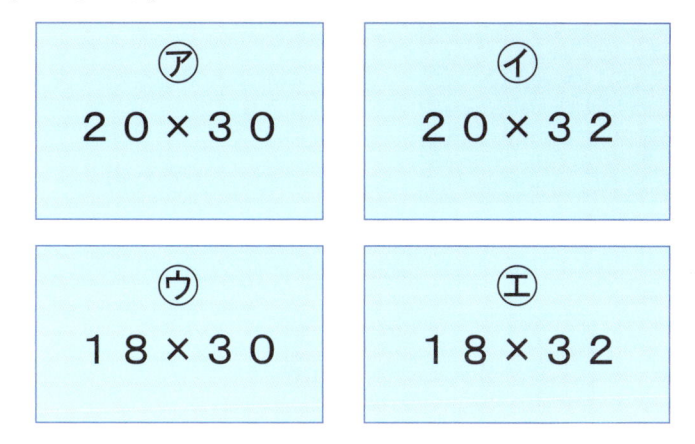

③机間巡視しながら比べ方を確認していく。

④発表・検討

　大きい順に発表する。比べ方も発表する。

　例：⑦と⑦を重ねて比べると⑦が広い。

　　　⑦と⑦を重ねて比べると⑦が広い。

　　　⑦と⑦を重ねて比べると⑦が広い。

　　　⑦と⑦を重ねて比べると両方に半端が出ていてうまく比べられない。半端のところを切って比べる。

　　　⑦の半端 [_____]　　　⑦の半端 | を重ねて比べると

　　　⑦の半端の方が長い。だから⑦が広い。

　　　　　だから広い順番は，　⑦，⑦，⑦，⑦

　　　　　○どのように重ねたのか。→　端をそろえて重ねた。

　　　　　○どこの端をそろえたのか。→　たて，よこの端。

(2)　間接比較を想定した場の設定

　①教室内の広さが見た目で判別しにくい２カ所の固定物を見つけておく。

　②例えば「この窓ガラスと廊下側のドアのガラスの広さはどちらが広い？」と発問。

　③先ほどの紙のように直接比べることはできないことに気づかせる。その場合，どのようにしたら広さくらべができるか，考えさせる。その際，長さくらべの時の比べ方を想起させる。

　④他の紙などに写して比べるとよいことに気づかせる。

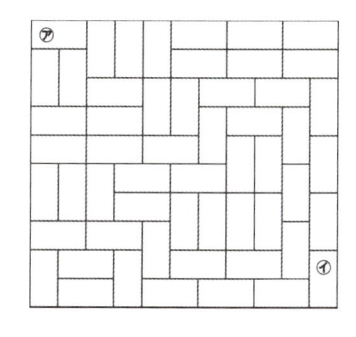

(3)　どちらがどれだけ広いかを数値化によって表す場の設定

　①２人１組で陣取りゲームをする。

　②⑦，⑦どちらか出発する方を選ぶ。

　③じゃんけんをして勝った方が２つ分塗る。負けた方が１つ分塗る。

　　　ただし，塗るときは隣り合っているところを塗る。

　④どちらかが塗るところがなくなったらおしまい。

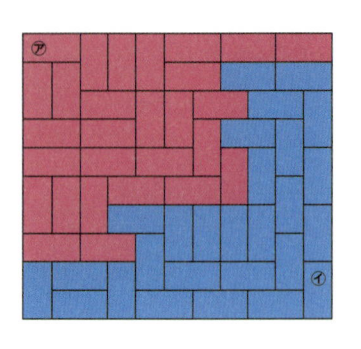 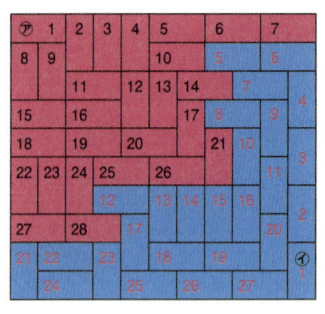

⑤たくさん塗った方が勝ち。

⑥どちらが広いか比べる方法を考える。

・ながしかくの数をそれぞれ数える。

⑦は２８こ　④は２７こ

だから⑦の勝ち

・赤，青それぞれの形を切り取り，比べやすい形に張り替えて比べる。

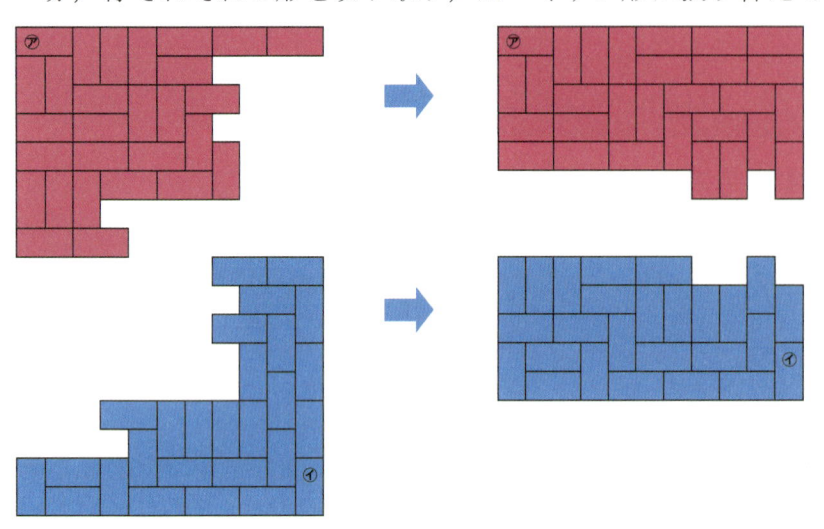

　　この方法はなかなか手間がかかるところに気づかせる。

⑦個数を数えるということは，数で表すことだと気づかせる。数で表すと，違いも「何個」と言える便利さがあることを理解させる。

(4) まとめる

・広さくらべをするときも，長さくらべとおなじような方法でできる。

・広さを，もとにする広さのいくつ分で表すよさがある。

・数で表すことによって違いを表すことができる。

【コメント】

　今回は，１年「ひろさくらべ」を取り上げてみました。ポイントは既習の「ながさくらべ」や「かさくらべ」と同じような方法でできるということ，特に任意単位の取り方でそのいくつ分というふうに数値化できるということです。このことが４年生の長方形の求積につながります。

　また，陣取りゲームのマス目の作り方を色々混ぜると，「共通な任意単位を決めよう」ということになり，普遍単位に繋げられます。これは４年次の導入に用いる方がよいでしょう。

　目標をしっかり持つと先生方の色々なアイディアで学習場面が設定できます。皆さんの実践の結果や質問などをいただき，お互いに更によりよい指導方法を開発していきましょう。

「分数」の指導

　2年生では「分数」を扱います。分数学習の素地的な意味を持っている指導です。整数以外に新たな「数」として，分数を知るのです。今回は「2年・分数」について取り上げましょう。

1　分数について

　学習指導要領では，2年・数と計算領域の「A(1) 数の意味や表し方」の中で，「(1) 数の意味や表し方について理解し，数を用いる能力を伸ばす。」として，

> オ　$\frac{1}{2}$，$\frac{1}{4}$　など簡単な分数について知ること。

と述べています。つまりこれは分数の素地指導の機会とするということです。教科書でも「半分を作る」ような活動が取り入れられていますが，この「半分」をはっきりさせるのがこの単元のねらいの1つです。

　子どもたちは，よく「半分こ」という言葉を使いますが，これはどれだけのことなのでしょうか。例えば「2人でドーナツを半分こしよう」というようなとき，図のように大体半分ぐらいになっていればお互い納得して食べます。

　また，ちょっと大きい，形のはっきりしたおせんべいなどでは，「半分こ」してもあまりにも差が顕著に出てしまい，「ちゃんと半分じゃない」という不満が出ます。その様なとき，「では，やり直しましょう」と，おせんべいを上手に2つに割ったとしても，それが本当に「ちゃんとした半分」なのか心配です。そこで確かめるためにほとんどの児童は重ねてみます。この図の場合も重ねてみると「ちょうど半分」には分けられていないことが分かります。

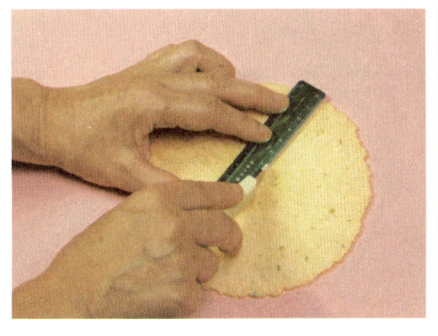

　そこで，「ちゃんとした半分」を作るために，操作しやすい折り紙を与えるのです。このようにして得た「ちゃんとした半分」を $\frac{1}{2}$ ということを指導します。つまり，生活の中で用いる「半分」と，「ちゃんとした半分」すなわち $\frac{1}{2}$ をはっきりと区別するのです。

　そして，「同じ大きさに2つに分けた1つ分の大きさを，もとの大きさの二分の一と言い，$\frac{1}{2}$ と書くこと」を教えます。そしてこれまで習った1，2，3などと同じように，$\frac{1}{2}$ や $\frac{1}{8}$ のような分数も数の仲間だと教えるのです。

　ところで，分数には○○の何分の一を表す「分割分数」と，四分の一メートルのように数量そのものを表す「量分数」があるといわれています。ここで，分数を用いる場合についてまとめておきましょう。

①例えば，ある1つの大きさを4等分したものの1つ分の大きさを $\frac{1}{4}$，その3つ分の大きさを$\frac{3}{4}$と表す用い方。…2年，3年

②例えば，数量の大きさそのものを $\frac{1}{5}$m，$\frac{2}{3}$L のように表す用い方。…3年

③例えば，$\frac{1}{3}$ を単位にしたとき，その2倍を $\frac{2}{3}$ と表す用い方。…3年

④例えば，■□■■■□■で，■の全体に対する割合を $\frac{5}{7}$ と表す用い方。…5年

⑤例えば，4÷9の答を1つの数で表すとき，4÷9＝$\frac{4}{9}$ と表す用い方。…5年

⑥これはちょっと質が違うが，例えば $\frac{3}{4}$ は，「ある1つの大きさを4等分してそれを3つ集める」という①の操作そのものを表す用い方。…2年，3年

　このように，分数はその用いられる場合が色々あります。私たちはこのような用い方を知って，指導する際の参考にすることが大切です。

2　指導の実際について

　もし，この単元の第1時を指導する場合，私なら次のように展開します。

T：（円盤形のえびせんべいを用意して）このえびせんべいを半分こしましょう。（と言ってえびせんべいを割る。）

T：どうですか。（と言って児童に見せる。）

C：半分になっていません。

C：もっと，ちゃんと半分にしないと。

T：では今度こそ。ちゃんと定規を使おうかな。

　（定規をあてて切れ線を入れ，線に沿って割る。）

T：さあ，今度はどうでしょう。

C：よさそう。

C：わからないよ。本当に半々か。

T：どうしたらわかりますか。

C：重ねてみればわかります。

T：なるほど，もしぴったり重なったら？

C：ちょうど半々。じゃあ確かめてみよう。

C：ちょうど半分にはなっていない。

T：重ねてみたら，はっきりわかりましたね。えびせんべいだと，ちょうど半分を作るのは難しいね。折り紙なら，ちょうど半分ができますか？

C：できます。

T：では，今から折り紙を配りますが，次のことを考えながら自分でやってみましょう。
　○どんな半分ができるか。
　○どうして半分だと言えるか。そのたしかめかたは？

C：（自力解決）

C：A

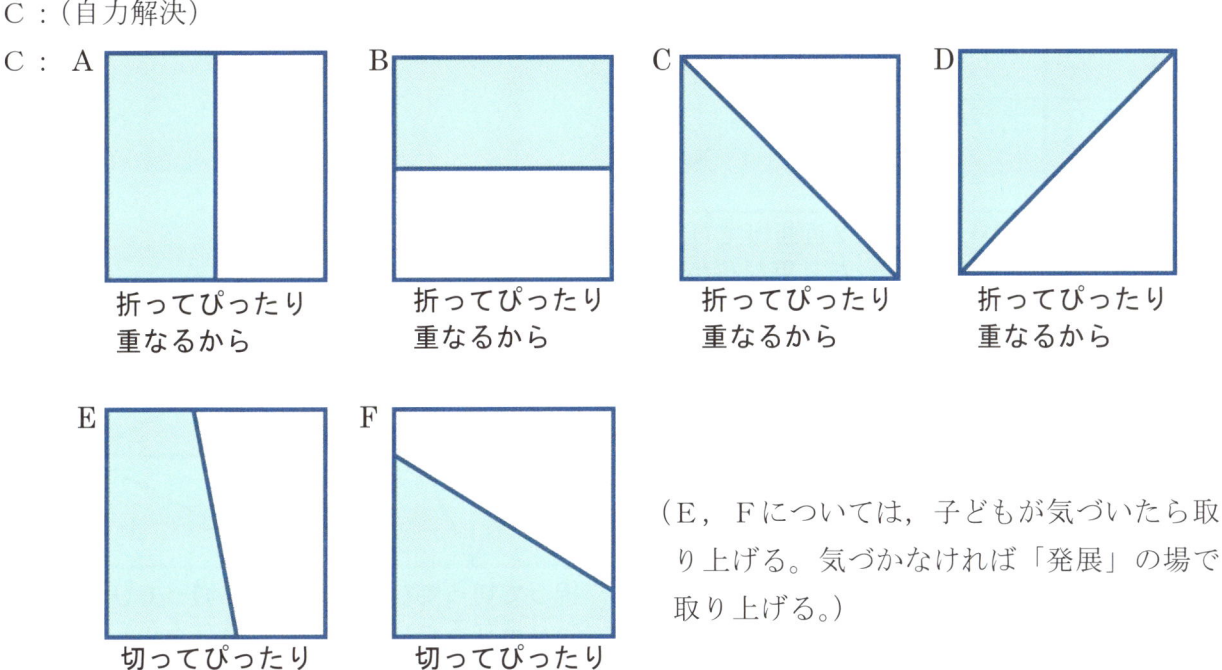

A　折ってぴったり重なるから

B　折ってぴったり重なるから

C　折ってぴったり重なるから

D　折ってぴったり重なるから

E　切ってぴったり重なるから

F　切ってぴったり重なるから

（E，Fについては，子どもが気づいたら取り上げる。気づかなければ「発展」の場で取り上げる。）

T：みんなで確かめてみましょう。

C：（Aを発表する。……みんなで実際に試してみる。）

C：（Bを発表する。……みんなで実際に試してみる。）（向きを変えればAと同じと言える。）

C：（Cを発表する。……みんなで実際に試してみる。）

C：（Dを発表する。……みんなで実際に試してみる。）（向きを変えればCと同じと言える。）

T：確かに，ちょうど半分でしたか。形が違っても色々な半分があるんですね。

C：はい。

T：このように，ある物をちょうど半分にしたとき，それをもとの大きさの「二分の一」と言います。そして「二分の一」を $\frac{1}{2}$ のように書きます。一緒に書いてみましょう。

C：（ノートに書く。）

T：ちょうどの大きさに分けることを「等分」と言います。ちょうど2つに分けることを「二等

分」と言います。

C：折り紙を二等分したんだね。

T：そうです。二等分した1つを「二分の一」と言うのです。

C：先生，そうすると，三等分した1つを「三分の一」と言うんですか。

T：そうですね。じゃあ，四等分した1つは？

C：四分の一。

T：どう書きますか。ノートに書いてみましょう。

C：$\frac{1}{4}$ です。

T：ではみなさん，この折り紙で四分の一は作れますか？実際に作ってみて，「はい，これがもとの折り紙の四分の一です。」と発表してみましょう。もちろん，なぜ四分の一なのか，わけも言えるようにしましょう。

C：
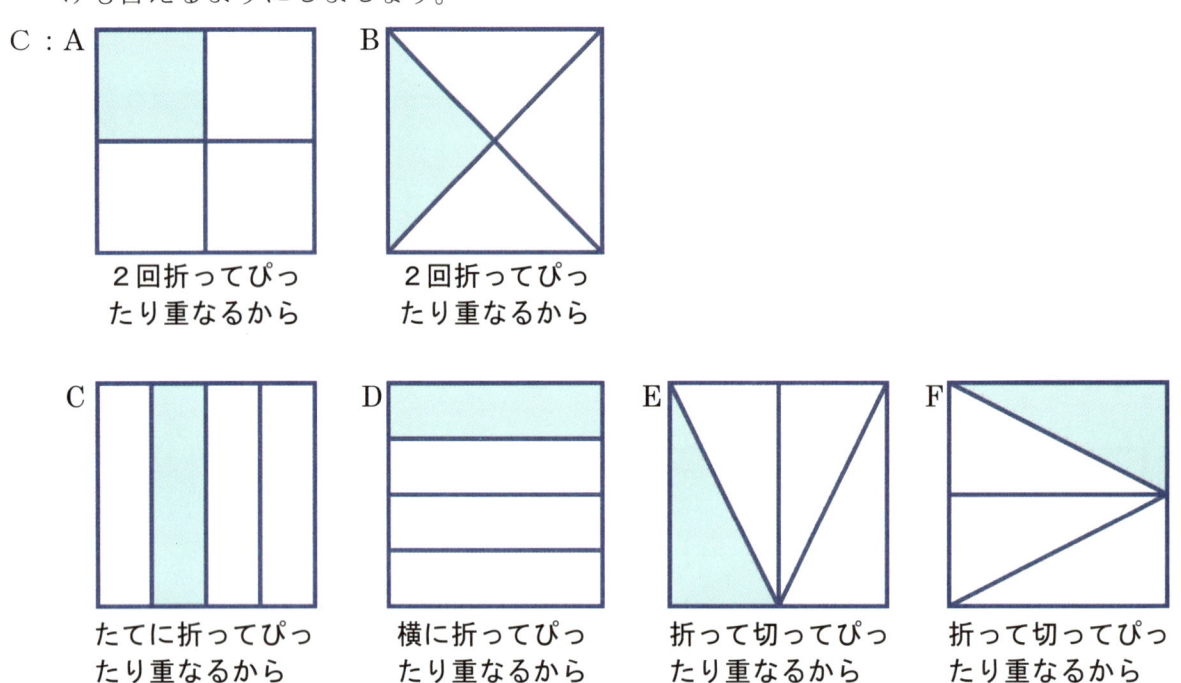

A 2回折ってぴったり重なるから

B 2回折ってぴったり重なるから

C たてに折ってぴったり重なるから

D 横に折ってぴったり重なるから

E 折って切ってぴったり重なるから

F 折って切ってぴったり重なるから

T：では，発表してもらいましょう。どのようにして作ったのか，（実物投影機で）実際に見て分かるようにしてください。

C：一緒にやってみてください。（と言いながら A を発表する。）
（それを見ながら全員が追体験する。）

C：一緒にやってみてください。（と言いながら B を発表する。）
（それを見ながら全員が追体験する。）

C：一緒にやってみてください。（と言いながら C を発表する。）
（それを見ながら全員が追体験する。）

C：一緒にやってみてください。（と言いながら E を発表する。）
（それを見ながら全員が追体験する。）

C：先生，八分の一も作れました。

C：えーっ？

T：それはすごいですね。では，発表してもらいましょうか。みなさんも一緒にやって確かめてみましょう。

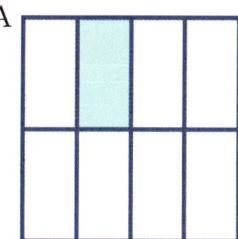

Ｃ：本当に，もとの折り紙の八分の一なのか，確かめる方法はありますか？

Ｃ：折って重ねて確かめました。

Ｃ：切って重ねて確かめました。

Ｔ：なるほど。それでは，今日のまとめをしましょう。自分で，「今日の勉強でわかったことや大切だなと思ったこと」をノートに書きましょう。

Ｔ：発表しましょう。

Ｃ：「二分の一」は，ただの半分じゃなくて「ちょうど半分」のこと。

Ｃ：ちょうど半分のことを二等分と言うこと。

Ｃ：「二分の一」「四分の一」「八分の一」の書き方や作り方がわかった。

Ｃ：確かめるには，　・折って重ねる　・切って重ねる方法がある。

Ｔ：とてもいいまとめができましたね。折ったり，線を引いたりして作ったけれど，それが本当に「二分の一」「四分の一」「八分の一」になっているか，確かめようと考えることはとても大切なことですね。また，「二分の一」「四分の一」「八分の一」を数字を使って $\frac{1}{2}$，$\frac{1}{4}$，$\frac{1}{8}$ のように表しました。このような数を「分数」と言います。今日は，新しい数，「分数」を勉強したのですね。

（時間があれば）

Ｔ：皆さんにちょっと別の二分の一を紹介します。

Ｃ：えーっ？ほんとかな。

Ｔ：本当でしょうか？

Ｃ：確かめてみよう。折る？

Ｃ：切った方がいいよ。切って重ねてみよう。

Ｔ：一緒にやってみましょう。

Ｃ：あーっ，本当だ。

Ｃ：先生，どうやって作ったの？

Ｔ：さあ，どうやったのでしょう。明日，考えようか？

Ｃ：やりたい。やりたい。

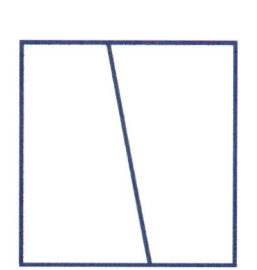

以上です。

　　第２時では　　　　　の作り方を取り上げ，その後，長方形の分割を考えます。その際に子どもたちは正方形での学習から類推して分割するはずですし，そのように助言していきます。

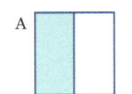 の取り上げ方について

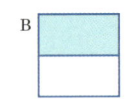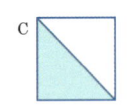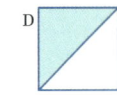 のような作り方を確認し，これらの作り方を「まとめて言えないか」問います。

C：どれも折っています。

T：どこを折っていますか。

C：半分のところ，ちょうど半分のところです。

T：どうしてそこがちょうど半分だとわかったのでしょう。

C：？？

T：では１枚の折り紙で，実際に色々な二分の一を折ってみましょう。できたら，それを開いてみましょう。

C： このようになりました。八分の一の折り方と同じになった。

T：この折った線は，必ず同じところを通っていますが，どこかわかりますか。

C：真ん中です。あっ，わかった。真ん中を通ればいいんだ。

T： と比べてみましょう。この線は真ん中を通っているのでしょうか。折って確かめてみましょう。

C：本当だ。真ん中を通っている。

C：中心を通るんだ。

C：だったら，中心を通ればどんな折り方でもいいのかな？

T：実際にやって確かめてみましょう。

C：きまりをみつけた。

（片桐重男著「算数教育学概論」東洋館出版社より）

【コメント】

　このように，まず日常的な「半分」と「二分の一」を区別することが今回の学習の始まりです。そして，正方形の分割によって分数を表し，そこから類推的な考え方をして長方形の分割を進めて分数をさらに理解していくのです。量を表す分数については３年生から扱います。

　例によって皆さんの実践の結果や質問などをいただき，お互いに更によりよい指導方法を開発していきましょう。

わり算の指導
＜わり算の基本と余りのあるわり算＞

　ほとんどの教科書の指導計画では，５月ぐらいから「わり算」の指導が始まります。わり算は子どもたちにとっては，全く新しい分野です。同時につまずきやすい単元でもあります。そこで，指導する私たちが，まずわり算について十分な理解が必要になります。

　まずはわり算の意味「等分除」「包含除」の指導について，流れに沿って説明してみます。

　多くの教科書の問題は，次のようにして始まります。

　A　クッキーが１２こあります。３人に同じ数ずつ分けると，１人分は何こになりますか。

　B　１５本のお花があります。５本ずつで花たばをつくると，何たばできますか。

　これらの問題を，既習事項や素地的な経験を用いてまず児童自身に自力解決させるのです。素地的な経験としては，具体物や絵，図などで分ける，配る作業をイメージしながらノートに書いていく。既習事項としては，かけざん九九を何とか利用しようとする。また，同数累加や同数累減により求めようとする。後者２つはいずれも式化しようとする望ましい行動です。

A　クッキーが１２こあります。 　　３人に同じ数ずつに分けると， 　　１人分は何こになりますか。

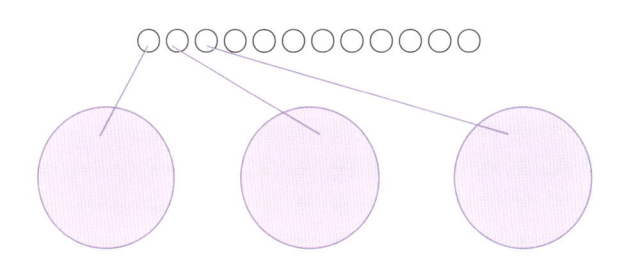

　このようにして，１人１人にトランプを配るようにして図示します。もし，下図のように図示する子どもがいたら，それはあらかじめ答えが分かっているか，想像できているためにできる操作であり，妥当ではないことを指摘する必要があります。あるいは，Bの操作と同じように図示しようとした結果だと判断できるのです。

B　１５本のお花があります。 　　５本ずつで花たばをつくると， 　　何たばできますか。

　この場合は，１５本から順に５本ずつ数えて区切り，いくつに区切られたかを数えて答えます。

図示させると「絵」に凝ってきれいに描写しようとする子どもが多いが，どちらの場合もできるだけ簡単で単純な図で，自分もみんなもわかるなら十分であることを指摘し，抽象化するよさを味わわせることが大切です。

何とかして式表示しようとする子どもは，

$$1＋1＋1＝3$$
$$2＋2＋2＝6$$
$$3＋3＋3＝9$$
$$4＋4＋4＝12$$

のように，同数累加によって同じ数を何こたしたら１２になるか調べます。

「これは，何を３こたしたらいいか，調べたんだね。そして１２÷３の答えを見つけたんだね。」

こちらの場合は，

$$15－5＝10$$
$$10－5＝5$$
$$5－5＝0$$

のように，同数累減によって同じ数を何回ひいたらぴったりになるか調べます。

「これは，５を何回引いたかわかるように書いたんだね。そして１５÷５の答えを見つけたんだね。」

「いくつ分」と「全体」が分かっているので

$$□×3＝12$$

と書けることに気づきます。

「□を出すには，何のだんの九九を思い出しますか？」

「□のだん」？？？

「本当はそうだけれど，『□のだん』はないから，何かいい工夫はないかな？」

九九の答えは反対にしても同じ！！

「だから，□×３も３×□と考えて「３のだん」の答えをさがすことにしましょう。」

「一つ分」と「全体」が分かっているので

$$5×□＝15$$

と書けることに気づきます。

「□を出すには，何のだんの九九を思い出しますか？」

「５のだん」

「つまり１５÷５の答えは「５のだん」で見つけられますね。」

まとめをします。

　　　　　　　　AやBのような計算を,「わり算」と言います。

わり算の式は,

　　　　　　　A　12÷3　　　　　　B　15÷5

のように書いて, 答えは

かけざん九九の「わる数」のだんを思い出して求めます。

A　3のだんの九九で　　　　　　　B　5のだんの九九で

　　答えが12になるのは　　　　　　　答えが15になるのは

　　3×4＝12　だから　　　　　　　　5×3＝15　だから

　　4のとき　　　　　　　　　　　　3のとき

だから　12÷3＝4　　　　　　　　　　　　15÷5＝3

留意事項

①Aのようなわり算を「等分除」, Bのようなわり算を「包含除」と言います。

②対比して説明する都合上並列しましたが, これらを並行して進める授業は大変難しいですが, 挑戦してみるのもよいでしょう。

③原理から考えれば「包含除」から入る方が分かりやすい。また筆算を進める場合も「16の中に5がいくつ入っている?」のように考えることが多いです。しかし, わり算は「何等分」「同じように分ける」場合が生活場面では多く, 子どもにとってもポピュラーであると言ってよいのです。そこで, ほとんどの教科書も等分除の場面から始めています。

④いずれにしても,「わり算の答えは,『わる数のだん』で, ちょうど九九の答えが『わられる数』になっているところを見つけるとよい。」ことを統合することが大切です。

⑤わり算の「わられる数」が九九の答えであり,「わられる数」が九九の答えにないことは, わり算の定義からはずれるという理解が大切なのです。このことは, あまりのあるわり算で, わり算を拡張するまでの約束として生かす方が望ましいのです。

⑥この事例では, 分離量（個別になっている量）の問題場面のみ扱っています。しかし, わり算は連続量（長さ, かさ, 重さなど）の問題場面も扱う必要があります。例題などで取り上げるのもよいでしょう。

　ここまでを簡単にまとめますと，わり算の意味には「等分除」と「包含除」の２つがあり，その両方を統合した形でわり算の計算式を表記します。つまりどちらの場合も，例えば１２÷３＝４のように表されるということです。

　また，もう１つ大切なこととして，わり算の計算の範囲は「九九の答えの及ぶ範囲」だということ，言い換えれば「九九を唱えれば答えが見つかる計算」だということです。ですから，わり算の対象は，例えば２４や３６，１５，４８…のように九九の答えになっているもので，これまで学習したわり算は「○の段」を唱えることによって答えが見つかる計算なのです。ここが大切なところです。つまり，この段階では，２３，５１，１９…などのいわゆる「わりきれない数」はわり算の対象外の数値なのです。

1　では，どのように指導するか

(1) 問題を提示します

> みかんがあります。ネットのふくろに４こずつ入れます。何ふくろできるでしょう。

　これは，いわゆる条件不足の問題です。ただ，ここで何算で求められそうか考えることはできます。

T：この問題は解けそうですか。

C：解けない。みかんが全部で何個あるのか分からないから。

T：これは何算で求められそうか。なぜそう思うのですか。

C：たぶん，わり算。

C：どうしてかというと，「ふくろに４こずつ分ける」から，前にやったわり算に問題が似ているから。

T：では，全部のみかんの数が分かれば式が書けますか？

C：はい，書けます。

(2) 問題を再提示します

> みかんが２３こあります。ネットのふくろに４こずつ入れます。何ふくろできるでしょう。

C：えーっ？だめだよ。
C：２３個じゃできないよ。
T：何個ならできそうですか。
C：２０個とか，２４個とか。
T：どうしてですか。
C：２０÷４＝５とか　２４÷４＝６とかにできるからです。
T：じゃあ２３個の時は，どんな式になりそうですか。
C：２３÷４かな？
C：だめだよ。２３は４で割れないから。
C：４の段の九九が使えないから。
T：そうすると，２３÷４は怪しい？
C：怪しい，怪しい。
T：他にも２３の近くで「怪しい数」はありますか。
C：はい，２２。２１。２５。

(3) 「本時のめあて」を明確にします

> めあて１：
> 　みかんが「あやしい数」のとき，どんな計算をしたらよいか，考えましょう。

> A　みかんが<u>２１こ</u>あります。ネットのふくろに４こずつ入れます。何ふくろできるでしょう。

> B　みかんが<u>２２こ</u>あります。ネットのふくろに４こずつ入れます。何ふくろできるでしょう。

> C　みかんが<u>２３こ</u>あります。ネットのふくろに４こずつ入れます。何ふくろできるでしょう。

(4) 問題を選択して自力解決させます

T：自分でやってみたい問題を決めましょう。自分でよく考えて答えを出してごらん。
C：問題Ａの例
　　２１個のみかんを４個ずつに区切る絵を描いて，答えを５袋と求め，「１個あまる」とまとめる。
C：問題Ｂの例

２２個のみかんをおはじきで表し，４個ずつのかたまりを作って，答えを５袋と求め，「２個あまる」とまとめる。

　　Ｃ：問題Ｃの例

　　　　２３÷４＝５あまり３と書き，答えを５袋と求め，「３個あまる」とまとめる。

(5) 発表・検討の場で具体的な物から順に説明させます

Ｃ：（具体物の操作で答えを出す。）

Ｃ：（絵を描いてそれを区切って答えを出す。）

Ｃ：（絵を単純化して表し，それを区切って答えを出す。）

Ｃ：（あまりのあるわり算の計算の表し方をすでに知っていて，立式する。）

Ｃ：（既習のわり算の表記を変形しようとする。）

Ｔ：これらの答えの出し方を計算でするにはどう書けばいいのでしょうね。

Ｃ：（各問題の解答ごとに，解き方を式表示しようとする。）

　　　○２１÷４＝の次が？

　　　○２２÷４＝の次が？

　　　○２３÷４＝の次が？

Ｔ：わり算みたいだけれど，九九の答えが使えないですね。皆さんは，２０÷４だと安心なのですね。

　　　○新しい表記を指導する。

　　　　２１÷４の時も，２１÷４＝５と，ここまでは同じに書きます。

　　　　　　　　　そして，２１÷４＝５あまり１と書き加えるのです。

Ｃ：新しいわり算だ。

Ｃ：２２÷４＝５あまり２　，　２３÷４＝５あまり３　と書けばいいんだ。

Ｔ：この書き方でやると２０÷４はどう書けばいいのでしょう。

Ｃ：２０÷４＝５あまり０　です。

Ｃ：今までのは，あまり０のわり算なんだ。

(6) まとめます

Ｔ：（まとめ）

　　　このように，ＡやＢやＣの問題の計算も，　２１÷４＝５あまり１

　　　　　　　　　　　　　　　　　　　　　　　２２÷４＝５あまり２

　　　　　　　　　　　　　　　　　　　　　　　２３÷４＝５あまり３

　と書いた「わり算」です。

2　この授業の流れはどのような「学力」育成を目指したものなのか

　この授業の展開は，既習としてのわり算の定義からわり算の意味を理解してその計算の習熟を図り，問題場面からわり算の演算決定ができるような学力を育てることをまず前提とします。

　次に，条件を変えて新たな問題に直面させ，そこから新しい事柄を学び，これまでの「わり算」の意味を拡張していきます。さらに，これまでのわり算は「あまり０の場合」というようにして，わり算を統合します。

また，ほとんどが包含除で行われますが，等分除の場合も取り上げて場を広げておきます。以下に，指導の流れに沿っためざす学力をまとめてみます。

> 「わり算」の中での学力
>
> (1) ２４÷３の答えは，３の段の九九で答えが２４になるところを見つければよい。
>
> (2) ２４このものを３つずつのかたまりにわけるので，２４÷３でよい。
>
> 　　○○○　○○○　○○○　○○○　○○○　○○○　○○○　○○○
>
> (3) ２６こ，２５このように，答えが３の段にないときは，なに算になるのだろう。
>
> 　・やり方は，○○○　○○○　○○○　○○○　○○○　○○○　○○○　○○○　○○のようになるから，わり算ににている。
>
> 　・でも半端が出るから２６÷３とは書けない。
>
> 　◎このような場合も，２６÷３＝８あまり２と書いて「あまりのあるわり算」ということを知る。（わり算の拡張）
>
> 　◎２４÷３のようなわり算は，２４÷３＝８あまり０と書くことができる。（わり算の統合）
>
> (4) 包含除の場合だけでなく等分除の場合も確かめる。
>
> (5) 加減乗除の演算決定をどのような根拠で説明できるか，「数のモデル」などを使ってまとめる。

【コメント】

　このように，あまりのあるわり算の指導には，「わり算の導入と定義」が大変重要なのです。私たちは，指導案を作成する際，よく「単元の系統性」とか「教材の関連」という項目を立てて，本単元の学習の直接的な既習事項を見直したり，この学習が今後どのように生きて働く力になるのか，系統性を明らかにします。このことは大変大切なことです。しっかりその内容を検討して，どのような考え方をもとにして，それを今後どのように育てていかなければならないか十分に理解することです。これまでの指導を見直し，今後の指導が如何にあるべきか考え直してみましょう。

参考文献：算数教育の新しい体系と課題（シリーズ，全１０巻）
　4　『数学的な考え方を育てる「乗法・除法」の指導』片桐重男著　明治図書（1995 年）

「がい数」の指導〜四捨五入の意味は？〜
＜「形式」と「意味」＞

　今回は，4年の「およその数」を取り上げました。遠足のおやつを買いに行く場面や入場料など，いい題材があるからです。

1　数の用い方

　一般に「数」はどのような時に用いるのでしょうか。「概数」を念頭に置いて考えてみると
- ・真の値が必要な場合
- ・概数ですましてよい場合
- ・概数ですました方がよい場合
- ・概数しか用いられない場合

のように考えられます。つまり，これが概数のよさでもあります。子どもたちに「さあ，四捨五入して○○の位までの概数で求めましょう。」と問題を出す場合，その前提として，何のために，なぜ概数で表す必要があるのか明らかにしておくことが重要です。

2　概数の用い方

(1) 真の値がわかっていても概数を用いた方がよい場合

①データをグラフに表す場合

　グラフでは，大体の数値から視覚的に量を比較できればよいのです。また，具体的な数値，25973547 や 458715691 などは棒グラフに正確には表すこともできないし，表す必要もないものです。次のデータを右のグラフ用紙にかく場合，「めもりが１０cmだから１cmで１万だとうまく表せる。」という考え方でできるようにすることです。初めからめもりを記しておくことは，子どもの自主性をそこないます。自分でめもりをうたせましょう。(＊グラフは縮小してあります。)

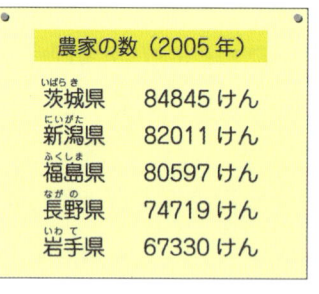

農家の数（2005 年）

茨城県	84845 けん
新潟県	82011 けん
福島県	80597 けん
長野県	74719 けん
岩手県	67330 けん

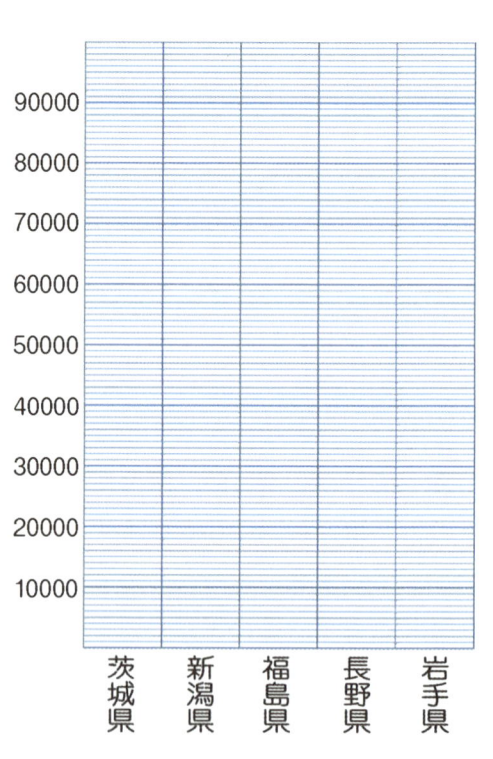

②何人かで旅行するときにあらかじめ費用を集めておく場合

　グループで旅行を計画し，あらかじめ費用を集めておく場合，交通費，宿泊費，お土産代などを見積もって集金します。その場合はちょっと多く見積もるのが普通です。

③研修会の参加申込者用の印刷物の部数

　A研究所主催の「若い教師のための研修会」には１００名近い応募がありました。A研究所ではその時の配付資料を，参加希望者数ぴったりに準備するわけではありません。増えてもいいよ

うに，落丁が発生しても取り替えられるようになど予期せぬことへの予防を含めて多く印刷しておきました。案の定，９８名の応募に対し，当日の追加参加が１６名，そのほかの関係者への配付があり，余分に用意しておいて正解でした。

④計算結果の見通し

　９＋６の計算を考えるときの態度です。９＋１＝１０ですから，９＋６は１０よりも大きくなることが言えます。９も６も１０より小さいので答えは１０と２０の間にあること，つまり「じゅういくつ」になることが分かるのです。

　また，$\frac{2}{3}+\frac{3}{5}$の計算では，$\frac{2}{3}>\frac{1}{2}$，$\frac{3}{5}>\frac{1}{2}$ですから，$\frac{2}{3}+\frac{3}{5}>1$になります。

ですから，$\frac{2}{3}+\frac{3}{5}=\frac{2+3}{3+5}=\frac{5}{8}$の計算では，１よりも小さくなり，見積もりに合わなくなります。

このことからもこの計算方法は誤りだと分かるのです。

⑤演算決定の場合

　「１ｍ２.３ｋｇの棒があります。４.２ｍ では重さはどれだけでしょう。」のような問題のとき，２.３ｋｇがおよそ２ｋｇ，４.２ｍ がおよそ４ｍ の場合，２×４のように演算決定できます。数量の関係は同じですからはじめの問題も２.３×４.２のようになるだろうと類推できます。このようにそれぞれの概数をとってみると演算決定できることもあります。

　※つまり，①〜⑤の例は，ねらいに応じて概数をとるということです。

(2) 正しい値やより詳しい値を求めようと思えば求められるが，適当な概数ですませられるときや，適当な概数ですませた方がよい場合

①東京の人口は香港より多いか

　これは多いか少ないかだけを問題にしているのですから，詳しい数値は必要ないのです。

②太っているか

　これはある基準をもとに比較している場合や，一般的にみて「太っているか」を答えるもので，いずれの場合もより詳しい数値まで求める必要のない場合です。

③サッカー観戦の入場者数

　収入金額を詳細に問題にする場合は概数を取るわけにはいきませんが，２会場の入場者数を比べる場合などは１名，２名の差を問題にしているわけではありませんから差の見える範囲で丸めて答えればいいわけです。

(3) 真の値が求められないとき

①世界の現在の人口は

　今の１秒以内でも出生，死亡が起こっています。正確に真の値を求めることは不可能です。

②あるものの長さの測定値

　測定値には，測定の対象，測定の機器によって誤差が出るのは自然なことです。真の値は測定できませんし，測定による値は真の値とは言えません。長さもかさも重さもその必要な，または測定可能な範囲で値を表しています。

③天体間の距離

これも同様です。1 m が問題なのではないし，天体は常に動いていますから距離は変わります。

3 「概数の用い方」の留意点

(1) 概数の意味

「およその数」のことを「概数」と言いますが，「およその数」という言い方は算数用語ではありません。また，およその数を概数で表す際には「約」をつけるのです。従って「およそ8万人のことを，約8万人という。」ということになります。

(2) どんな力をつけるか

概数の指導では，ややもすると「万の位まで求めなさい」「千の位までの概数で求めなさい」など，求める位を指示した問題のみ扱うことが多くなり，それがねらいだと思われがちです。つまり，数を指示通りに丸めることに重点を置きかねないのです。

概数を求める指導では，問題に対処したとき，その問題場面で概数を使うねらいを考え，それをもとにどのような概数にしたらよいかを考えようとする態度や，このように考えることができる能力を養うことが大切なのです。例えば旅行の積立などです。全体でどれぐらい積立が必要か，それは個々では毎月どれぐらい積み立てることになるのか，また積み立てた方がよいのか等々このような場面設定の上で概数で表すことのよさを味わわせていくのです。

(3) 小数の概数も

概数の指導というと，ほとんどの場合大きな数量を処理する場面を想定します。しかし，概数のよさは，大きな数のみならず小数でも分数でも味わうことができるし，そのような指導が大切です。「大きな数」のみを扱う傾向に留意して子どもたちの見方を広げましょう。

4 「四捨五入」と，「切り上げる」，「切り捨てる」

学習指導要領の扱いでは，「四捨五入」が大きく取り上げられます。従って教科書の扱いも，そのほとんどの教科書が「四捨五入」のみを定義しています。（ごく一部の教科書では「切り上げる」，「切り捨てる」も定義しています。）これは，四捨五入の仕方を扱う上で，約束に従って「切り上げたり」「切り下げたり」するのだからあえて用語として取り上げなくてよいという考えからでしょう。また，「この場合は四捨五入，この場合は切り上げ…」などのように，「意味理解」が不十分なままの「形式的な仕方」のみを教えることへの危惧からとも言えます。

しかし，目的に応じて数値を「丸める」という考え方を徹底し，その手法として「四捨五入」と，「切り上げる」，「切り捨てる」があると考えるなら3つともしっかり指導すべきかなと，個人的には考えます。なぜなら，「四捨五入」と，「切り上げる」，「切り捨てる」の3つの手法の目的は「その目的に合った一番近い数にする」ということだからです。

(1) 四捨五入

ある位，たとえば「万の位までの概数」にしようというとき，何万という数のうちで一番近い数（何万）にするということです。次の数直線のように，264965 は 27 万よりも 26 万に近く，269347 は 27 万に近いのです。そうなると例えば 265000 はどちらに近いかと言うことになりま

す。そこで「ちょうど真ん中の数は切り上げて表す」という約束にするのです。

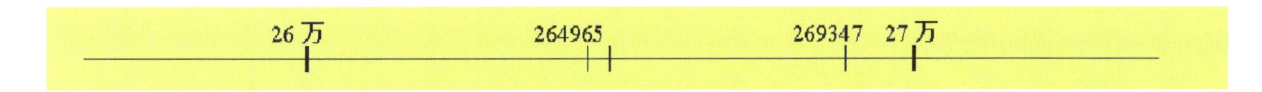

　「四捨五入」なので文字の上から「4以下は捨て，5以上は入れる」という考えから，では「4と5の間はどうするのか」と言うことになります。そこで「以上」「以下」「未満」を指導します。この「未満」がなかなか子どもたちには理解できないようです。数直線に数の連続している様子を表したり，「未満」という言葉の便利さを味わわせ，積極的に使わせる必要があります。

(2) 切り上げる
　ある位，たとえば「万の位までの概数」にしようというとき，それ以上の何万という数のうちで一番近い数（何万）にするということです。この例の場合は，264965 も 269347 も「それ以上の何万」ですから 27 万に切り上げるわけです。

(3) 切り捨てる
　ある位，たとえば「万の位までの概数」にしようというとき，先ほどとは逆にそれ以下の何万という数のうちで一番近い数（何万）にするということです。この例の場合は，264965 も 269347 も「それ以下の何万」ですから 26 万に切り下げるわけです。

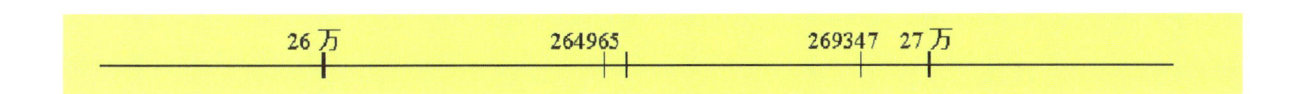

5　「『四捨五入』と，『切り上げる』，『切り捨てる』」の留意点
(1) どれを用いるか判断する
　用いる場に応じて，3つの処理の仕方のどれを用いたらよいかを，自主的に判断できるようにすることが最も重要です。
　①切り上げた方がよいときの場面例
　　　スーパーマーケットなどでの買い物の場面　　旅行費用準備など
　②切り捨てた方がよいときの場面例
　　　予算の収入　　買い物に行くような場合，所持金を把握しておく時
　③四捨五入が適当なときの例
　　　これは例示する必要がないほどたくさんあります。測定では最小単位まで表し，あとは「四捨五入」せざるを得ないことを経験させましょう。

(2) 意味の指導を

　形式的に指導すると次のような場合に誤りが指摘できにくいことになってしまいます。

　例：誤った形式的定義

- 「46 万と 47 万の間の数で，千の位の数字が 5,6,7,8,9 のときは 47 万として，　4,3,2,1 のときは 46 万とする。このような仕方を四捨五入という。」
- 「324988 を四捨五入して万の位まで求めるのに，9 を四捨五入して 325000 とし，これを四捨五入して 330000 とする。」

　このように考える児童は結構多いものです。子どもたちがこれを「間違い」として指摘したり，納得できる説明ができるでしょうか。定義はくれぐれも慎重にすべきです。もう一度前述の定義に戻って指導しましょう。

【コメント】

　「概数」の指導もその教材をどれだけ理解して指導するかが重要です。その教材を研究すればするほど「深さ」を知ることになります。また，「他の教科書ではどのような展開をしているのか」とか「それならこのような展開をした方がわかりやすいのではないか」とか，「教材研究」を進めることによって指導者は成長します。「こういう指導でいいんだ」という先入観や，「経験則」による指導に陥らないよう頑張って下さい。

参考文献：算数教育の新しい体系と課題（シリーズ，全１０巻）
　2　『数学的な考え方を育てる「数」の指導』片桐重男著　明治図書（1995 年）

「単位量当たりの大きさ」の指導
＜領域は「量と測定」です＞

1 「単位量当たりの大きさ」という「量」について

　長さやかさ，広さ，重さなどの量など，これまでの「量」との違いは何でしょうか。また同じことは何でしょうか。例えば「混み具合」を例にして考えてみましょう。

(1) 直接比較できるか

・　同じ電車１両目と２両目の混み具合は（床面積が同じなので）１６５人と１８６人という乗車人数の直接比較で分かります。

(2) 間接比較はあるか

・　違う型の電車などの場合，混み具合は「定員」と「乗車人数」の割合で求めることができます。その場合の割合は整数，分数，小数などを用いて歩合，百分率，比などで表すことができます。

(3) 任意単位による比較（測定）

・　６㎡で１８人乗ったエレベーターと８㎡で２２人乗ったエレベーターの混み具合は，任意単位２４㎡当たりに換算して（１８×４）人と（２２×３）人で比較します。これは２４単位量あたりの大きさ７２人と６６人で比較したことになるのです。

　また，１㎡当たりの人数を求める方法もあります。つまり，１○○当たりの大きさです。一般にはこの「１○○」を「単位量」，「１○○当たりの大きさ」を「単位量当たりの大きさ」と読んでいます。

　このように一方をそろえて比べる仕方には，任意単位の取り方が様々あります。しかし，比較する対象が多く任意単位を公倍数などで求めにくい場合などが多いことから，「１○○」当たりを求めて比較することが多いのです。

(4) 普遍単位による比較（測定）

・　１○○当たりの大きさを表すものの中で普遍的なものには，人口密度（１㎢あたりの人口），濃度（異種の２量の重さの割合），速度（１単位時間に対する距離），燃費（１リットル当たりの走行距離），比重（１㎤当たりの重さ），仕事の速さ（１単位時間当たりの割合）などが挙げられます。すなわち，混み具合などの「量」はこれまで見てきたように２種類の量によって構成されているのです。

2 「単位量当たりの大きさ」の比較
(1) 用いる２つの量は何か

　例えば，右の表をいきなり与えて「混み具合を調べて見ましょう」という提示はどうでしょうか。これは，当

花だんの面積と花の数

	北庭	中庭	南庭
面積	6㎡	6㎡	4㎡
本数	30本	28本	28本

初提示する問題としては感心しません。なぜなら，これでは「花壇の混み具合は「面積」と「本数」で決めなさい」と指示しているようなものだからです。この混み具合は何と何が分かれば比べられるのか，それを指摘することが大切な学力です。

　すなわち最初に提示する問題は，むしろ数値が不明な状態でのものが望ましいでしょう。花壇の混み具合なら右図のような提示の方がよいと言えるのです。提示された子どもたちは当然チューリップの本数を数えます。そして北庭，中庭，南庭の広さを知りたいと言うでしょう。そこで「なぜ，花壇の広さが必要なのか」問い，一見しても分かるように北庭と中庭の面積は同じで南庭はそれに比べて面積が小さいことを確認した後，具体的な数値を与えるようにしたいものです。そしてできることなら自分で表に記入する方が望ましいです。

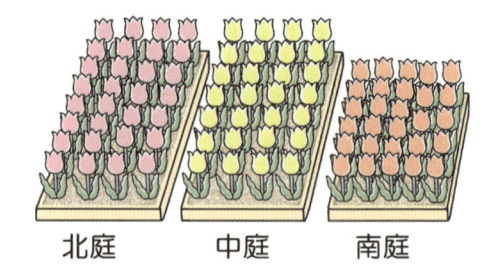

北庭　　　中庭　　　南庭

(2) 表から分かること

　表から意図的に数値を同じにしているところに着目させます。つまり「この表を見ただけで混み具合が比べられますか」と問うのです。子どもたちは，表と初めに提示された絵を対比させながらこのようなやりとりに進んでいきます。

花だんの面積と花の数

	北庭	中庭	南庭
面積	6㎡	6㎡	4㎡
本数	30本	28本	28本

北庭　　　中庭　　　南庭

T：この表を見ただけで混み具合が比べられるものがありますか。
C：あります。
C：北庭と中庭です。
C：中庭と南庭も比べられます。
T：それはどうしてですか？北庭と中庭の場合は？
C：面積が同じ６㎡で，チューリップの本数が３０本と２８本だから，北庭のほうが混んでいると分かります。
C：同じ面積だとチューリップの本数の多い方が混んでいるからです。
T：面積が同じだと本数で比べられるのですね。
C：そうです。
T：では，中庭と南庭も比べられるのですか。面積が違うようですが。
C：今度はチューリップの本数が同じなので比べられます。
C：同じ２８本なので南庭の方が混んでいます。
T：どうしてそれが分かるのですか。
C：同じ本数を広いところに植えるのと狭いところに植えるのでは，狭いところに植えた方が混んでいるからです。
T：本数が同じだと面積の小さい方が混んでいるのですね。
C：そうです。
　………
　この段階で明確にすべきことは，
　・片方の数値がそろっていれば，もう片方を見て判断できる。
　・その値が大きければ？（混んでいる，すいている），その値が小さければ？（混んでいる，

すいている）のように，〇〇ならば△△だと言えるようにする。
ということでしょう。

花だんの面積と花の数

	北庭	中庭	南庭
面積	6㎡	6㎡	4㎡
本数	30本	28本	28本

北庭　　中庭　　南庭

(3) 表からはわかりにくいこと

(2)から「片方の数値がそろっていれば，もう片方を見て判断できる」ことが分かったわけです。そしてこの考え方をもとにして2つの比較ができました。

・北庭と中庭は，北庭が混んでいる。
・中庭と南庭は，南庭が混んでいる。

では北庭と南庭は？　ということになりますがこれは表を見ただけでは比べられそうにないということは子どもたちにもわかっています。そこで，

T：北庭と南庭ではどちらが混んでいるか，表を見ただけでは分かりにくいのはなぜですか？
C：面積も本数も数がそろっていないからです。
T：ではどのようにしたらよいでしょう。前の2つのように分かりやすく比較するにはどのような工夫をしたらよいでしょうか。
C：どちらかをそろえればいいです。

(4) 一方をそろえる方法を既習事項から考えること

一方をそろえるには，児童はなるべく数値の小さいもの同士で処理しようとします。その方が作業が簡単ということを知っているからです。この場合，面積とチューリップの本数という2種類の数値がありますが，30と28の公倍数をとるより6と4の公倍数を取った方が簡単に処理できそうだという見通しを持つでしょう。「方法としては可能でも実際はこのように処理する，それはなぜか」を明確にしておいた方がいいでしょう。そして，実際に30と28の公倍数をとって比較する例も紹介した方がよいでしょう。

T：面積をそろえるならいくつにそろえますか。
C：面積を12㎡にそろえます。
C：北庭は30×2＝60本，南庭は28×3＝84本なので南庭が混んでいます。
C：24㎡でもいいです。
C：北庭は30×4＝120本，南庭は28×6＝168本なので南庭が混んでいます。
T：どのように考えて面積をそろえたのですか。
C：6と4の公倍数を考えたのです。
T：他にはどんな方法がありますか。
C：30÷6，28÷4をします。
T：これはどんな意味ですか。
C：1㎡に何本かということです。
T：つまり，何をそろえたのですか。
C：面積です。

T：面積をそろえる方法が何種類あるのですか。

C：2種類です。公倍数を使う方法と1㎡当たりで考える方法です。

　ここで，気をつけたいのは「単位量当たりの大きさ」とはどちらの方法なのかということです。「単位」とは文字通り「くらべる1かたまりの大きさ」ということです。そう考えると，公倍数の12㎡も24㎡も単位量と言えます。すなわち，

　　＜Aタイプ＞　　・12㎡当たりの大きさ…60本と84本

　　　　　　　　　　・24㎡当たりの大きさ…120本と168本

そして，

　　＜Bタイプ＞　　・1㎡当たりの大きさ…5本と7本

というふうに，それぞれの単位量に対する値を算出して比べるのです。ちなみにAタイプは「任意単位」，Bタイプはそのほとんどが「普遍単位」として取り扱われています。「どちらが混んでいるのか」の結論は，A，Bどちらの方法でもよいことになります。この段階でのポイントは，あくまでも「単位をそろえる」ということなのですから。

花だんの面積と花の数

	北庭	中庭	南庭
面積	6㎡	6㎡	4㎡
本数	30本	28本	28本

(5) できるだけ一般的にするには

　もう一度この表を見ましょう。これは非常に意図的に考えられた数値によって構成されているわけですが，原理を理解した段階でこの比較の方法を問題解決に適用させなければ意味がありません。そこで

①最初に提示したデータに更に2例ほど加える

②実際に近いデータを提示する

などして混み具合を調べる機会を作るのです。このことから課題を明確にしていきます。

　①2つずつ比べないで一気に全部比べる方法はないのだろうか。

　②いちいち公倍数を取るのでは面倒で時間もかかる。公倍数を取らない機械的な方法はないのだろうか。

　そこでBタイプの良さが注目されるのです。すなわち「1㎡当たりの大きさ」を求めればよいということに気づかせるのです。

1㎡当たりで比べると，

学校の庭	北　庭	中　庭	南　庭	東　庭	西　庭
面積(㎡)	6	6	4	10	15
本数(本)	30	28	28	64	90

北庭	中庭	南庭	東庭	西庭
30÷6	28÷6	28÷4	64÷10	90÷15
5本	約4.67本	7本	6.4本	6本

となり，①②の問題を解決した実感を味わわせることができます。

　また，数直線などの数の関係を表すモデルでは，数のように「1」を単位量，「1」の上の数量を「単位量当たりの大きさ」と説明していることもありますが，厳密に言えば「1」は「1単位量」のことです。この「1単位量」の考え方をして共通な比較の方法としているのが，人口密度であり，濃度であり，燃費であり…。これらは言わば「普遍単位」です。

3　指導に当たって

(1)　問題から課題をどのようにして意識化するか

　問題解決学習では，与えられた問題の解決のために1時間の学習のめあてが生まれます。逆に言うならば与える問題は，解決すべき課題を豊かに含んでいるものでありたいですね。この単元で言うなら，

- ・問題場面をどのように整理するか。
- ・表の必要性
- ・どのような2量を用いて処理しようとするのか。
- ・共通する単位をどのように取るとどうわかるのか。
- ・わかりにくい比較の組をどう処理するのか。

　などでしょうか。そして，この課題（子どもたちにとっては「めあて」）の解決が，本時のまとめになります。まとめは課題の裏返しと考えてよいでしょう。

(2)　この単元の指導の「ポイントは何か」

　①「平均」の指導について

- ・でこぼこを平（なら）す平均
- ・不均一を均（なら）す平均
- ・相加平均だけが平均ではない。
- ・部分的な混み具合は問題にしない。…電車などの例

　②「単位量当たりの大きさ」の指導について

- ・混み具合は2つの量を使って表す「量」である。
- ・量の比較は2量のうちの1量をそろえる方法で行う。
- ・「単位当たりの量」の意味。
- ・差で混み具合が判断できるか。※

※この問題についてすこし補足します。次のような問題の場合，子どもたちの中には「1 m^2に1本植えるとすると，何本分たりないか。」を計算することによって混み具合がわかると考える子どもがいます。実際に計算すると，

学校の庭	北　庭	中　庭	南　庭	東　庭	西　庭
面積(m^2)	6	6	4	10	15
本数(本)	30	28	28	64	90

北庭	中庭	南庭	東庭	西庭
30－6	28－6	28－4	64－10	90－15
24本	22本	24本	54本	75本

　つまり，北庭の場合はあとチューリップ24本分の面積が必要，つまり中庭の22本分よりも混んでいるという結論です。この例では，その論法で言えば西庭が最も混んでいることになりますので誤りに気づくのですが，事例が3つ程度の場合，この論理にぴたり一致する場合があります。そのような例では，どのようにして誤りに気づかせるのがよいのでしょうか。

例えば，次のような場合です。

A  B C

A：１２畳に９人　差は３畳

B：１２畳に８人　差は４畳

C：１０畳に８人　差は２畳

余りの畳の数から，余りが少ないものが混んでいる。
だから，混んでいる順番は，C，A，Bになる。

１畳あたりの人数は，
A：9÷12＝0.75　　B：8÷12≒0.67　　C：8÷10＝0.8
となり，混んでいる順番は　C，A，B　になる。

※対応

○これは，１人当たりの畳の量で比較する考え。「平均の考え方」を確かめる。「ならして考える」
　ということは，余った畳をそれぞれ人数で等分しなければならない。だから

　　　　　A：１２畳に９人　差は３畳…１人分は１畳＋３畳を９等分した１つ

　　　　　B：１２畳に８人　差は４畳…１人分は１畳＋４畳を８等分した１つ

　　　　　C：１０畳に８人　差は２畳…１人分は１畳＋２畳を８等分した１つ

　と考える。このように考え方を活かしていく。

○反例で考える。ひき算で結論を出す方法では矛盾が起こることを経験させる。

①余った畳が同じ場合
　　A　　１０畳に５人　　５畳　　　　　２畳／人
　　B　　　８畳に３人　　５畳　　　　約2.67畳／人

②余った畳に違いがある場合
　　A　　１０畳に８人　　　２畳　　　　1.25畳／人
　　B　　１８畳に１５人　　３畳　　　　1.2畳／人

③余った人数が同じ場合
　　A　　１０畳に１５人　　５人　　　約0.67畳／人
　　B　　　３畳に　８人　　５人　　　約0.37畳／人

④余った人数に違いがある場合
　　A　　２０畳に３０人　　１０人　　約0.67畳／人
　　B　　　３畳に　８人　　　５人　　約0.37畳／人

【コメント】

　　今回は，「子どもが最も理解しにくい」と言われている単元を取り上げてみました。しかし，本
当に子どもにとって「難しい」のでしょうか。ひょっとして私たち教師が「難しく」感じてしま
っているのではないでしょうか。それを克服するために「量と測定」の領域の扱い方の１つとい
う見方で取り組んでみてはいかがでしょうか。

参考文献：算数教育の新しい体系と課題（シリーズ，全１０巻）
　⑤　『数学的な考え方を育てる「量と測定」の指導』片桐重男著　明治図書（1995 年）

算数 6年
「分数×分数」の指導

　今回は，6年の「分数×分数」を取り上げてみました。「分数同士のかけ算は，分母同士，分子同士を掛ければいいんだ」という，言わば計算のアルゴリズムを身につけること以前に，このアルゴリズムを解明する力をつけることが大切です。既習事項を如何に活用するか，一緒に考えてみましょう。

1　分数×分数の意味

　5年生で小数×小数の学習をします。分数×分数の意味の学習では，そのことが既習事項になります。これまで，かけ算は，

　3＋3＋3＋3＋3＋3＝18のような計算を，3×6＝18と書く

というように，「同数累加」で定義してきました。しかし，かける数が小数になると「同数累加」とは言えなくなります。そこで，かけ算の意味を拡張することになったのです。そのために，①～⑤のような方法で拡張してきました。これは，かける数が分数の場合も同じと考えましょう。

①割合の考えを使う

　小数のかけ算の学習では，これまでの言葉の式を「基準量×割合＝割合にあたる量」と決め直しています。そこで，例えば

> 1dLで $\frac{4}{5}$ m²ぬれるペンキがある。$\frac{2}{3}$ dLでは何m²ぬれるか。

のような問題場面では，基準量に当たるものを $\frac{4}{5}$ ，割合を $\frac{2}{3}$ と考え，$\frac{4}{5} \times \frac{2}{3}$ と立式します。

②数直線で表す

　小数のかけ算の場合，数の関係を表す数直線は左下図のようにかけました。そのことをもとにして，分数の数直線をかいてみるのです。

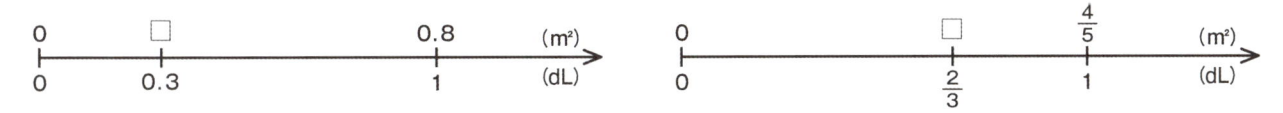

　数直線から数の関係を表すと，

　　　　　$0.8 \times 0.3 = \square$　　　　　　　$\frac{4}{5} \times \frac{2}{3} = \square$ のように立式できます。

③小数に直して考える

> 1dLで $\frac{4}{5}$ m²ぬれるペンキがある。$\frac{2}{3}$ dLでは何m²ぬれるか。
>
> 1dLで0.8m²ぬれるペンキがある。0.6dLでは何m²ぬれるか。

上のように，分数を小数に直して考えます。割り切れない場合も大体の小数にすることで，問題の構造が分かりますから，小数×小数の時と同じように分数を当てはめていけばよいことが分かるのです。

④言葉の式を用いる

　これは①の考え方に似ています。どうしてもこれまで使ってきた「言葉の式」に当てはめて立式した方が分かりやすいと考える子どももいます。それも認めていくのです。ただ，①にあるようにこれまでの言葉の式をまとめるようにして，右のように一般化することを理解させましょう。

> **1dLでぬれる広さ×ペンキの量＝全体の広さ**
> **・基準量×割合＝割合にあたる量**

⑤長方形の公式から

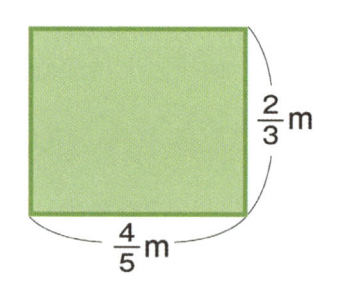

　もし，問題が「たて $\frac{2}{3}$ m，よこ $\frac{4}{5}$ m の長方形の面積は？」のような場合は立式できます。しかし，これはあくまでも長方形のように求積公式が使える場面だけに当てはまる方法です。

> 新しい計算に出会ったときは，
> 　①何算になりますか。
> 　②それはどんな式ですか。
> 　③なぜそのような式になるのですか。
> 　④その計算の仕方を考えましょう。
> 　⑤どんな場合もその計算の仕方でできるか確かめましょう。
> 　⑥「パッ」とできる簡単なやり方を見つけましょう。
> 　⑦練習して計算の仕方をマスターしましょう。

のように展開されます。子どもたちにはこのような流れがあることに気づかせていくことも高学年ではよいことですね。そして，演算決定の根拠として，計算の意味から，割合の考えや数直線による考えなどを挙げられるようにしたいものです。他にも「関係図」や「4ます関係図」のような「手段」を指導している教科書もありますので，指導する際はその手段の系統性を理解して用いたいものです。

2　分数×分数の計算

　分数×分数では「分子同士と分母同士をかける」というやり方のみが子どもたちの頭に残る指導をしがちです。しかし，これは，上に述べた「新しい計算に出会った場合」の⑥に当たる部分です。大切にしたいのは，④⑤です。これをできるだけ既習事項を駆使して計算方法を見い出し，よりよい方法に高めてまとめていくのです。

　既習事項の中で最も間近にあるものは，5年生での学習，小数×小数や小数÷小数の学習内容です。その中で最も基本となることは「数の意味」です。例えば小数には次のように2つの意味がありました。

①0.6は，0．1の6倍　　　　②0.6は，6÷10

この2つの意味を利用して計算方法を見つけていきました。

　それでは，分数の場合はどのような意味があったのでしょうか。

それは下のような意味です。小数の計算の時と同様にこのことを使って次の4つの見方で計算方法を考えましょう。

　　①割合による方法

　　②数直線の考え方

　　③具体的な場面での考え方

　　④計算のきまりを利用した考え方

$\dfrac{2}{3}$ の 意 味 は

① $\dfrac{1}{3} \times 2$　　② $2 \div 3$

$\dfrac{2}{3} = \dfrac{1}{3} \times 2$　の意味から

①割合による方法

$\dfrac{2}{3} = \dfrac{1}{3} \times 2$　だから，$\dfrac{1}{3}$ に当たる大きさの2倍を求める。

$\dfrac{4}{5}$ は1に当たる大きさだから，$\dfrac{1}{3}$ に当たる大きさは　$\dfrac{4}{5} \div 3$

この2倍は，$\dfrac{4}{5} \div 3 \times 2 = \dfrac{4 \times 2}{5 \times 3}$

②数直線による方法

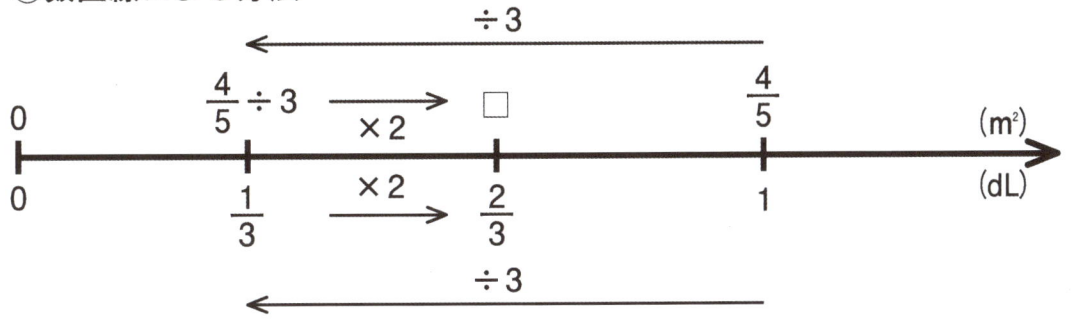

③具体的な場による方法

1dLで $\dfrac{4}{5}$ m² だから，その $\dfrac{1}{3}$ の $\dfrac{1}{3}$ dLの広さは $\left(\dfrac{4}{5} \div 3 \right)$ m²

$\dfrac{2}{3}$ dLは $\dfrac{1}{3}$ dLの2倍だから，$\dfrac{4}{5} \div 3 \times 2 = \dfrac{4 \times 2}{5 \times 3}$

④計算のきまりによる方法（同じ数をかけて同じ数でわっても答えはかわらない）

$\dfrac{4}{5} \times \dfrac{2}{3} = \dfrac{4}{5} \times \left(\dfrac{1}{3} \times 2 \right)$

$= \dfrac{4}{5} \times \dfrac{1}{3} \times 2 = \dfrac{4}{5} \times \dfrac{1}{3} \times 3 \div 3 \times 2$

$= \dfrac{4}{5} \div 3 \times 2 = \dfrac{4 \times 2}{5 \times 3}$

$\left(\begin{array}{l} \dfrac{4}{5} \times \dfrac{2}{3} = \dfrac{4}{5} \times \left(\dfrac{2}{3} \times 3 \right) \div 3 \\ = \dfrac{4}{5} \times 2 \div 3 \\ = \dfrac{4 \times 2}{5 \times 3} \end{array} \right)$

$\dfrac{2}{3}=2\div 3$　の意味から

① 割合による方法

$\dfrac{2}{3}=2\div 3$　だから　2に当たる大きさを3で割ったものを求める。

$\dfrac{4}{5}$ は1に当たる大きさだから，2に当たる大きさは $\dfrac{4}{5}\times 2$

これを3で割ったものは，$\left(\dfrac{4}{5}\times 2\right)\div 3=\dfrac{4\times 2}{5\times 3}$

② 数直線による方法

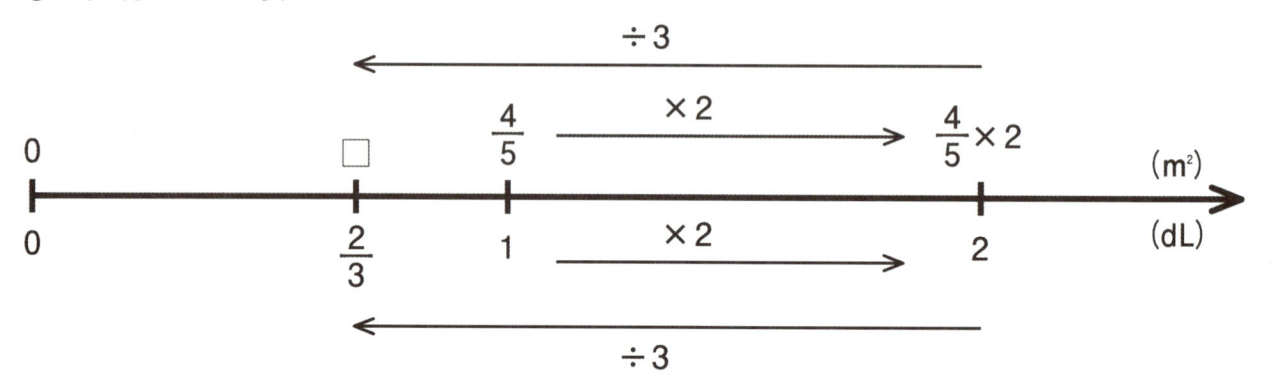

③ 具体的な場による方法

$\dfrac{2}{3}$ dLは2dLの $\dfrac{1}{3}$ だから，まず $\dfrac{4}{5}$ m² の2dL分は $\left(\dfrac{4}{5}\times 2\right)$ m²

その $\dfrac{1}{3}$ だから　$\left(\dfrac{4}{5}\times 2\right)\div 3=\dfrac{4\times 2}{5\times 3}$

④ 計算のきまりによる方法（結合法則）

$\dfrac{4}{5}\times \dfrac{2}{3}=\dfrac{4}{5}\times(2\div 3)$

$=\left(\dfrac{4}{5}\times 2\right)\div 3$

$=\dfrac{4\times 2}{5\times 3}$

　なお，これらの方法は全て子どもからの反応として出てくるとは限りません。このような内容で解決しようとする子どもがいたらそれを価値付け，このように補足していけばよいのです。また，このような考え方もできるという紹介も必要です。一見多様な解法の仕方に見える内容を上に述べた見方で整理していくことも大切なことです。

結果として，**「分子同士と分母同士をかける」というやり方で良さそうだ**と気づいたら，本当にそのやり方で大丈夫か確かめます。そして下のように一種のアルゴリズムとしてまとめます。

$$\frac{\triangle}{\square} \times \frac{\bigcirc}{\star} = \frac{\triangle \times \bigcirc}{\square \times \star} \text{ のように計算できる}$$

　このように一般的な形でまとめる方法を，次時の「分数÷分数の場でもできないか」という最終めあてにつなげます。

【コメント】
　よく，「既習事項を生かして解決する」と言われます。今回の学習内容は分数×分数でしたが，その解決のための既習事項は小数×小数の考え方でした。このように，前学年で学習し積み上げられた内容が次の解決につながるのが算数のよさです。ということは，5年生で小数×小数の指導を丁寧に行う必要もあるわけです。反対に言えば，この分数の指導の前に，授業者は子どもたちがどのような既習事項を身につけているのかしっかり把握した上で授業設計しなければなりません。

参考文献：算数教育の体系と課題（シリーズ　全10巻）
4　『数学的な考え方を育てる「乗法・除法」の指導』片桐重男著　明治図書（1995）

はなまるサポートアップ一覧

https://www.djn.co.jp/support/

＊以下の内容は，はなまるサポートの「今月の学習指導ポイント」で見ることができます。

No.	学　年	タ　イ　ト　ル	年　月
1	1年	「かたちづくり」の指導	2014 年 01 月
2	1年	まずは「算数ワンポイントアドバイス」	2013 年 04 月
3	1年	「ひろさくらべ」の指導	2012 年 12 月
4	1年	「２０より大きいかず」の指導　～数える，表す，よむ	2012 年 02 月
5	2～4年	「十進位取り記数法」の指導	2013 年 08 月
6	2～4年	「位取り表」を活かす指導（若い先生向け）十進位取り記数法を理解し，～	2011 年 08 月
7	2年	「かさ」の指導	2013 年 07 月
8	2年	「分数」の指導	2013 年 01 月
9	2年	「三角形，四角形」の指導	2012 年 11 月
10	2年	かけ算の指導　（習熟用「九九免許皆伝」巻物つき）	2011 年 10 月
11	2年	「逆思考」の指導（若い先生向け）～テープ図により加減の演算を決定する～	2011 年 09 月
12	3年	あまりのあるわり算の指導のポイント	2012 年 07 月
13	3年	「円」の指導　＜「円の定義」と「コンパスの働き」＞	2012 年 06 月
14	3年	□をつかった式の指導	2011 年 12 月
15	3年	わり算の指導のポイント	2011 年 05 月
16	4年	「小数のかけ算」の指導	2013 年 02 月
17	4年	「がい数」の指導　～四捨五入の意味は？～　＜「形式」と「意味」＞	2012 年 05 月
18	4年	小数×整数，小数÷整数の指導	2012 年 01 月
19	4年	面積の指導　（たて）×（よこ）？（長さ）×（長さ）ってあり？	2011 年 11 月
20	5年	「台形の面積」の指導	2013 年 12 月
21	5年	「異分母分数の加減」の指導	2013 年 10 月
22	5年	「÷小数」の指導	2013 年 06 月
23	5年	「単位量当たりの大きさ」の指導	2012 年 09 月
24	5年	「小数倍」の指導（若い先生向け）～かけ算の意味を拡張する～	2011 年 07 月
25	5年	異分母分数の加減の指導　～整数，小数，分数の加減の計算を，単位の考え方で～	2011 年 06 月
26	6年	「速さ」の指導	2013 年 09 月
27	6年	「分数×分数」の指導	2013 年 05 月
28	6年	「柱体の体積」の指導　＜既習事項からどのように「類推」するか＞	2012 年 10 月
29	全	「式の表し方」の指導	2013 年 11 月
30	全	おさらい	2013 年 03 月
31	全	「学力」とその定着のために	2012 年 08 月
32	全	「算数」でつくる学級～年度当初はどんな心構えが？＜「判断基準」「根拠」「教材研究」＞	2012 年 04 月
33	全	各学年の数と計算領域を中心とした「技能」チェックと理解の早い子どもたちへの課題について	2012 年 03 月

理科編

太田　由紀夫 （教育同人社初等教育研究所　理科部長）

Profile
帝京大学教育学部客員教授　全国構造学習研究会常任講師
前東京都小学校理科教育研究会副会長
　小学校のときから理科大好き人間。部活は中高大と生物部で蝶を追いかけ，それがきっかけで山好きに。理科教育の楽しさを子どもたちや先生方に知ってもらいたいという思いで，いっぱいです。

メッセージ

＜人間としての自立＞

　「人間は 10 歳で人間になる。」これは，大脳生理学者の時実利彦先生の著書「人間であること」にある言葉です。「小学校時代の子ども達の脳は，幼児期から児童期へと発達し，さらに，青年期とその後の成長の土台となる脳配線が 10 歳で完成する。」ということがこの言葉の意味です。

　では，どのような脳配線が「人間になる」ということなのでしょう。それは，「自分のことは自分で行い，責任を持つ。」という思考回路，すなわち自立するための配線を完成させることです。そのためには，全ての学びを「問題解決」としてとらえさせる指導が必要です。「問題解決」は，自分で問題を見つけ，自分で解決していく思考です。

　理科教育の視点で脳配線の形成について考えてみると，自然を科学的に見ていく学習活動を発達段階を踏まえて展開することが必要となります。幼児期から抜け出しつつある低学年は，アニミズム的自然理解から事象の奥にある関係性，規則性を感覚的にとらえます。中学年では，因果関係を体験から学びます。高学年では，事象を客観的に見つめ，そこに潜む自然の原理を実証していこうという思考が育ちます。

　人間の土台を創る大切な小学校時代において，それぞれの思考の実態に合った指導方法を工夫し，それに応じた教材研究をしていただきたいと思っています。そして，より多くの子ども達が理科教育を通して自立への道を歩んでほしいと願っています。

理科 3年
3年生の年度の初めにあたって

1 児童の科学的思考力をどう育てるか

（1）生活科から理科への切り替え

　3年生は，理科を初めて学習します。子ども達は，期待に胸をふくらませています。1，2年生の時の生活科では，自然の中で，あるいは自然そのものと**遊ぶ体験**が中心でした。遊ぶとは，子ども一人一人の内面に体験活動から生まれた「気づき」や「思い」を大切にし，それらをある形に表現することを目的としています。いわば，自然を感性的にとらえます。そして，「気づき」や「思い」についても子どもによっては体験活動そのもので表現する場合があります。

　そこで，3年生は自然現象から問題を見出し解決するという「科学的思考」は全く初めての経験と言っていいでしょう。しかも，週3時間の枠しかないので，勢い知識注入になりがちなので，そこを「活動中心」にしていく構えを持っていただきたいと思います。

（2）育成すべき科学的思考

　3年生の学年目標は「自然の事物・現象を差異点や共通点という視点から比較しながら調べ，問題を見いだし，見いだした問題を興味・関心をもって追究する活動を通して，物の性質やその働きについての見方や考え方，自然の事物・現象に見られる共通性や相互のかかわり，関係などについての見方や考え方を養うことである。」と学習指導要領解説に示されています。

2 指導内容

　上記の目標を達成するための要となる思考力は，「比較」です。比較し，相違点を見いだすと共に共通化を図ることです。常にどの単元でも，この思考力の育成に焦点を当ててください。この一年間で扱う下表の題材に「比較」の事例を入れたので参考にしてください。

領域	エネルギー	粒子	生命	地球
単元名	【風やゴムの働き】 ・移動した車の距離の比較 【光の性質】 ・明るさや暖かさの比較 【磁石の性質】 ・付く物と付かない物の比較 【電気の通り道】 ・電気が通る物と通らない物の比較	【物と重さ】 ・形の比較と重さ ・形が変わっても重さは変わらない ・体積の比較と重さ	【昆虫と植物】 ・様々な昆虫や植物を育てたり観察したりして比較し共通点を見出す 【身近な自然の観察】 ・比較することから観察の視点を学ぶ ・生物の生態を比較し，多様性を実感する	【太陽と地面の様子】 ・日向と日陰の比較 ・太陽光の影の長さの比較から太陽の動きを実感する

　なお，表中の赤字は，今回の「学習指導のポイント　理科編」に取り上げた単元です。

理科 3年
「身近な自然の観察」B区分生命（生命と環境とのかかわり）
～身の回りの生物の様子～

学習指導要領

　身の回りの生物の様子を調べ，生物とその周辺の環境との関係についての考えをもつことができるようにする。

ア　生物は，色，形，大きさなどの姿が違うこと。

イ　生物は，その周辺の環境とかかわって生きていること。

　この目標を校庭や野外の自然環境の中での活動を通して実感させていく学習を展開します。そして，問題解決活動を通して，次の知識を，体験を通して実感します。

> アの具体化として，個体としての生物の見方の観点を理解すること
> イからは，生物と環境との相互の関わりを理解すること

　まずは，春の自然の中へ，子どもたちを連れ出して，生物（植物や昆虫，その他の生物）と触れ合わせましょう。そして日光の温かさ，目に飛び込む緑の木々など，目の前の風景に浸らせましょう。そして，耳を澄まし，風の音，虫達の羽音などに耳をかたむけ自然を味わわせましょう。

サクラ

木の根元に生えている野草の周りは
虫たちの住処になっています。

　野外では，きっと子ども達は，「花」に着目するでしょう。

　そこで，3年生の問題解決能力の重点である「比較する」という思考を随所に提示し，観察させていきましょう。例えば「タンポポの花と似ている，色の花は？　形の花は？」などいくつもの植物を観察しながら，似たものを集め，みんなで分類させていきます。

タンポポとヒマワリの似ているところは

① 観察のポイント（比較する）

観察から問題を見つけよう。そのために，よく知っている植物と比べさせましょう。クラスの半数以上が知っている植物を資料にして全員で比べる観点を明らかにしてみましょう。

・色・形・におい，　・手触り・大きさ，

② 問題を作ってみる

〜（タンポポ）と比べて，葉の形は〜（丸い）

③ 観察の実際　　　その日の目的を明確に指示する

・記録用紙，記録ボードや持ち物の確認（手提げ袋の活用）
・計測機器(温度計など班で1本，現場で配る)の使い方の指導
・虫眼鏡の正しい使い方を教える。
・記録の仕方を教える・・線は一本で重ねがきしない，色はつけない，ことばで説明をつける。
＊右のカードは，記録の事例です。
　種の袋がサヤエンドウのさやに似ていると見つけています。

＊種の袋がサヤエンドウのさやに似ていると見つけています。

なお，野外での観察は安全管理に関して，十分な注意を払いましょう。また，事前に観察場所の実地踏査をして，観察経路を確認することが大切です。

そして，毒虫などの対応のための携行薬品を準備したり，かぶれやすい子どもへの体調確認も忘れないでください。

【コメント】

この単元は，「個体としての生物の見方を理解すること」と「様々な動植物は周辺の環境と関わりあって生きていること」について実感をもって理解し，「生物とその環境についての考え」を持つことができるようにすることです。

つまり，生物と環境とは，相互に影響し合っている，という事実を見つけることです。だから，できるだけたくさん自然の中に入って，生物がその環境に適応している姿，生物が環境を変えている事実を身をもって実感することが必要になります。

また，観察は，春から始まりますが，以上の点を踏まえ，1年間を通して学ぶ単元なのです。

理科 3年
「いろいろな昆虫，昆虫のなかまをさがそう」
B区分（生物の構造と機能・生物の多様性と共通性・生物と環境とのかかわり）

　都会でも，鳴く虫に出会います。空き地のない都会では，木の上に鳴く虫がいます。比較的大きな音で「リー，リー，リー」と鳴くアオマツムシです。

アオマツムシ
〈体長20～25ミリ〉

鳴く虫の観察

① 観点を明確にして，観察する

　鳴き方，音色，鳴く時間，鳴いている場所など鳴いているときの様子を見てみましょう。

〈体長15～20ミリ〉

〈体長20～25ミリ〉

　左の写真は「ツヅレサセコオロギ」です。「リー，リーリー」と長く弱く鳴きます。右は，「エンマコオロギ」です。「コロコロリー，コロコロリー」と強く鳴きます。

② しばらく飼育してみよう

> 　野外の草むら〈枯れ草の下〉などでとってきたコオロギを飼育ケースで飼育しましょう。
> ・タマゴパックはかくれが
> ・きりふきでしめらせる
> ・草を入れる　・えさはカメのえさとリンゴ
> ・産卵用に土をカップに入れる
> ・スポンジに水を含ませて置く

コオロギをじっとさせたいときは・・・

　バッタやコオロギを観察したくても，「跳ねて困る」ことがありますね。袋に昆虫を入れて密閉し，中の空気を追い出し，その中に二酸化炭素をボンベから吹き入れます。すると，大きさにもよりますが4～5分は仮死状態で動きません。

【コメント】評価基準をおさえよう

　特に理科が初めての3年生は《科学的思考表現》について評価しましょう。

・昆虫同士や植物同士を比較して差異点や共通点について予想や仮説を持ち表現している。

・昆虫同士や植物同士を比較して差異点や共通点を考察し，自分の考えを表現している。

「風やゴムの働き」 A区分エネルギー（エネルギーの見方）
～風の働き・ゴムの働き～

学習指導要領

> 　風やゴムで物が動く様子を調べ，風やゴムの働きについての考えをもつことができるようにする。
> ア　風の力は，物を動かすことができること。
> イ　ゴムの力は，物を動かすことができること。

1　風の力の事象提示

　風力の違う扇風機で走らせ，車の進む距離の違いから，問題を設定させます。

　問題は「車を中心にとめるためには，風の強さをどのようにするか？」「どのような風の時に，車は中心にいくか？」

① 予想…風の強さを丁度よくすればよい。風をちゃんと車にあてればうまく進むだろう。

② 解決　　i　風の調節（羽の回転数，羽根の形，扇風機以外の方法）

　　　　　　ii　風向を一定にする工夫

風の力で動く　　　　**ゴムの力で動く**

2　ゴムの力の事象提示

　ゴムが伸びて，縮むときに車が走り出す。ゴムの伸びる長さや縮む時の力と車が進んだ距離との関係がわかるような遊びや，事象提示を行う。

① 予想…ゴムが伸びる長さの違いで車が走る距離と関係がある。

② 解決…ゴムの伸びる長さの計測と車が走った距離とを計測し，考察する。

> 【コメント】考察における表現を的確に・・・生活用語から科学的な用語に
>
> 　「ゴムの伸びる長さが長くなると進む距離は遠くなる。」とよく言いますが，「遠く」はある点からの距離を指すので，**「長くか大きく」**がよいでしょう。または，「〜長くなると遠くまで進みます。」にしてあげるのはどうでしょうか。
>
> 　数値で表す場合は《大きい，小さい》という表現が適切です。だから，ゴムの力が大きいという場合は，その根拠に数値的な結果があることが必要です。
>
> 　ゴムの力が強い（弱い）は，ゴムの伸びの手ごたえなど感覚的な把握の場合に使うといいでしょう。

「電気の通り道　電気で明かりをつけよう」

Ａ区分エネルギー（エネルギーの変換と保存）

学習指導要領

> 　乾電池に豆電球などをつなぎ，電気を通すつなぎ方や電気を通す物を調べ，電気の回路について考えをもつことができるようにする。
>
> ア　電気を通すつなぎ方と通さないつなぎ方があること。
>
> イ　電気を通す物と通さない物があること。

1　事象提示から明かりがつかない理由を一人一人考える

・明かりがついている豆電球と明かりがついていない豆電球とを，グループにそれぞれ1対配布し，比較させる。

2　話し合いをする・・・明かりがついていない理由を提案させていく。

・電池が切れている。

・線がつながっていない。

・豆電球が切れている。

・きちんとつながっていない（接続がわるい）。

・ソケットのところがゆるんでいる。

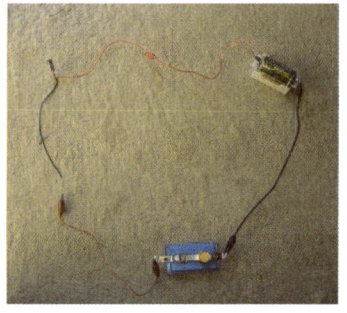

3　問題設定

　これは，ついていない理由をたしかめることで，問題を各自に書かせることが容易にでき，予想も書きやすい。

「どうなれば，明かりがつくのだろうか？」となります。

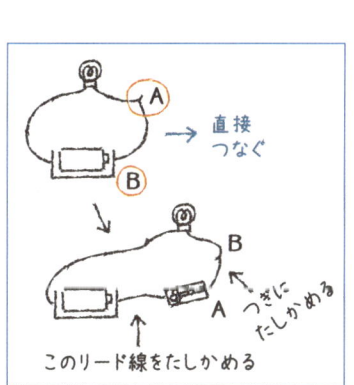

4　問題解決の過程・・・検証

　問題に対する予想は，「つかない理由」の裏返しです。

5　結果の整理と結論

　結果は，「接続していれば，明かりがつく。」です。結論は，「乾電池の電気はリード線を通って流れているので流れが途切れないようにしっかり接続していると明かりがつく。」

【コメント】「豆電球が点灯するのは回路が閉じているからだ！」

　回路の一部に，身の回りにあるいろいろな物を入れ，豆電球が点灯するかどうかを調べることによって，それが電気を通す物かどうかを判断できます。

　エネルギーという見方や考え方については，電気によって明かりがつく，電池が切れていたら，つかないということから，実感できると考えます。学習の終わりに，電気はエネルギーという言葉を教えてもよいでしょう。

理科 4年

4年生の年度の初めにあたって

1 児童の科学的思考力をどう育てるか

（1）4年生の子どもの特徴

4年生は，児童期としての思考活動が最も素直に展開される時期だと考えます。学校生活においても子どもらしい正義感を発揮し，全体を見渡して活動できます。

従って，理科の授業においても，素直な問題意識を持ち，率直な活動によって解決していこうという姿勢が男女ともよく発揮され，豊かな言語活動が展開されます。

（2）4年生で育てるべき科学的思考力

4年生の学年目標は「自然の事物・現象の変化に着目し，変化とそれにかかわる要因とを関係付けながら調べ，問題を見いだし，見いだした問題を興味・関心をもって追究する活動を通して，物の性質やその働きについての見方や考え方，自然の事物・現象に見られる規則性や関係についての見方や考え方を養うことである。」と学習指導要領解説に示されています。

そこで，学習においては「問題解決の手立て」をより明確にすると共に問題解決の学習過程を一層定着することが大切です。そして，その過程において言語活動を十分に取り入れ，より実証的，客観的，論理的な結論を子ども達自身で獲得できるようにする場の設定が必要です。具体的には，以下のような場です。

・自然の事物・現象の変化に着目できる提示と問題設定のための情報交換。

・子ども達自身による予想・仮説の設定とその検討のための話し合い。

・実験，観察の企画と実施におけるグループ活動，そこに起きる様々な言語活動の明確化。

・結果の整理を基にした各自の問題についての結論の実証的，客観的，論理的集団討議。

2 指導内容

各単元について，思考力育成の観点である「変化とその要因」の事例をあげます。参考にしてください。

領域	エネルギー	粒子	生命	地球
単元名	【電気の働き】 ・電池のつなぎ方の変化とその要因	【空気と水の性質】 ・空気や水の体積変化とその要因 【金属，水，空気と温度】 ・物質の物理的状態変化とその要因	【人の体のつくりと運動】 ・運動による体の形状の変化とその要因 【季節と生物】 ・季節による動植物の状況の変化とその要因	【天気の様子】 ・天気の1日の変化とその要因 ・水の自然状態における変化とその要因 【月と星】 ・月の形と動きの変化とその要因

なお，表中の赤字は，今回の「学習指導のポイント　理科編」に取り上げた単元です。

「電気の働き」

A区分エネルギー（エネルギーの変換と保存）

学習指導要領

乾電池や光電池に豆電球やモーターなどをつなぎ，乾電池や光電池の働きを調べ，電気の働きについての考えをもつことができるようにする。

ア　乾電池の数やつなぎ方を変えると，豆電球の明るさやモーターの回り方が変わること。

イ　光電池を使ってモーターを回すことなどができること。

電池のつなぎ方を生かした単元の構想

1次　乾電池のつなぎ方

- 事象提示　明るさの違う豆電球の様子
- 違いの要因は・・・つなぎ方だ。確かめてみよう。

2次　電流の流れる向きと電流量

＊　検流計でも向きは分かりますが，ここで電流計を使って，電流量を計測しましょう。これが要因の違いによる光電池の起電力を調べる実験に役立ちます。

3次　光電池のつなぎ方・・・乾電池と同じかな

- 違いの要因は，つなぎ方のほかにもある。
- 光電池の電流が一番強くなる要因は？

確かめてみよう（要因としての光，光からの距離，光電池の傾きなど）

4次　いろいろな物で発電してみよう・・・応用編（活用になるのかもしれません。）

＊太陽の光で発電できるのなら・・・風の力はどうだろう？・・・他にもあるのかな？

風力発電

風の力で羽を回します。

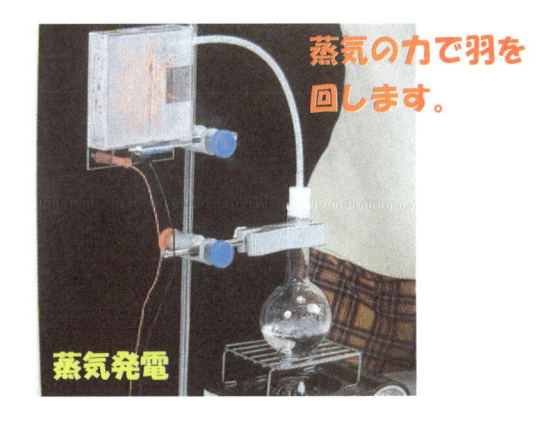

蒸気の力で羽を回します。

蒸気発電

【コメント】

　３年生で扱った回路（とじている。電流が全体に流れている。）を，しっかり活用できるようにしましょう。そのためには，器具（スイッチ，電池，導線，電池ボックス，豆電球，モーターなど）の接続部分を「接続している」かどうか確認する手立てを教えましょう。もちろん，問題解決の学習展開ではここがポイントになります。それから，器具がすべて，「回路に入っている。」ことが大切です。

理科 4年
「月と星」 B区分地球の周辺
～月の形と動き，星の明るさ，星の動き～

学習指導要領

　月や星を観察し，月の位置と星の明るさや色及び位置を調べ，月や星の特徴や動きについての考えをもつことができるようにする。

ア　月は日によって形が変わって見え，1日のうちでも時刻によって位置が変わること。

イ　空には，明るさや色の違う星があること。

ウ　星の集まりは，1日のうちでも時刻によって，並び方は変わらないが，位置が変わること。

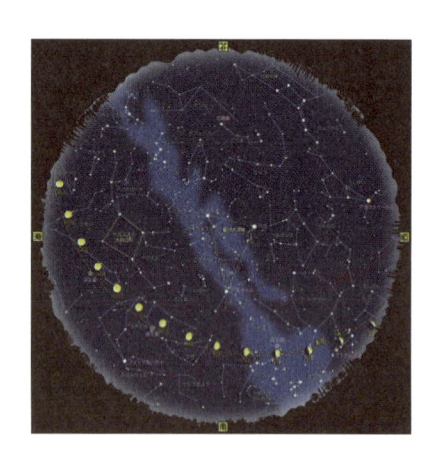

観察の手順とポイント

・方角は必ず記録する（16方位を知る）

・目印になる木や建物をカードに記入する

・高度は、両手を水平に前に出し，こぶしにして、順番にこぶしを重ねて，月が目の高さで見える位置まで，いくつあるか，数える。

＊太陽・月・星の暦（公益法人国際文化交友会月光天文台）より

平成23年9月の夜空・・・中秋の名月

　6（火）の月の出は13：59，以降はだんだん遅くはなりますが，満月を見ることができます。

　月の動きを中心に，そして，星空も合わせて観察させてみましょう。

【コメント】

　月の観察といっていますが，天文関係においては，観測という言葉を使います。

　ちなみにどこが違うかというと

観察＝目的に応じて詳細に見て，何らかの結論を得る作業のこと。

観測＝見て測定を行って記録し，その値を分析し，結論を得る一連の作業。

つまり，測定して数値化する作業（および，その集計作業）が含まれるかどうかです。

　月の高度を測定したり，時間と月の位置，形を記録したり，数値化する作業を伴っているからです。ただし，天文学者の精度ではありませんが，科学者になったつもりも大事なことです。

　変化する月とその要因を観測によって，しっかりつかむことがこの単元のポイントです。そして，夏と冬の夜空を観測し，比較させましょう。

理科　4年

「物の温度と体積」 A区分粒子（粒子のもつエネルギー）

金属・水・空気と温度　　　・温度と体積の変化

学習指導要領

> 　金属，水及び空気を温めたり冷やしたりして，それらの変化の様子を調べ，金属，水及び空気の性質についての考えをもつことができるようにする。
>
> ア　金属，水及び空気は，温めたり冷やしたりすると，その体積が変わること。
>
> イ　金属は熱せられた部分から順に温まるが，水や空気は熱せられた部分が移動して全体が温まること。
>
> ウ　水は，温度によって水蒸気や氷に変わること。また，水が氷になると体積が増えること。

1　金属の温まり方

　まず，金属の温まり方の違いを学習します。身近な事象から問題づくりをさせましょう。

事象提示・・・火にかけたやかんの取っ手が熱くならないわけは？

　　　　問題「熱の伝わり方が関係しているのかな，熱源から遠いからかな，調べよう」

検証には，「金属の板にローソクをたてて，一か所を温め，ローソクの倒れ方で熱の伝わり方をイメージします。

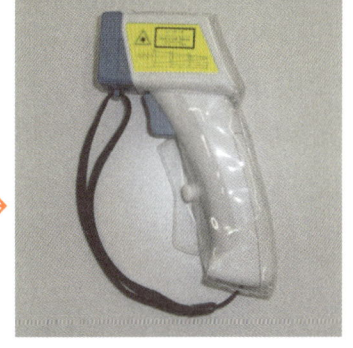

赤外線放射温度計→

　温度測定にはこのスグレモノ（放射温度計）を使うと効果的です。（表面温度を計測します。）

2　水の温度による体積変化

　水の温まり方については，「金属の温まり方とどのように違うのだろうか」ということで展開します。

　「やはり温まった部分が移動して全体に熱が伝わる」のだろう。ということで，対流現象を体験します。温度変化はサーモテープで検証するといいです。

　また，水をいっぱいに入れた細めの試験管を６０度以上のお湯につけると中の水がわずかに膨らみ試験管上部が盛り上がります。この現象をグループごとに観察し，気づいたことを記録させましょう。体積が増えたことを実感できます。なお，水を凍らせると入れ物の中の氷が盛り上がって体積が増えることも体験させましょう。

3 金属，水，空気のそれぞれの熱の伝わり方をイメージする

金属・水・空気ともすべて熱の伝導の状況は見えません。そこで，熱の伝わり方をイメージ図に表し，考察させましょう。

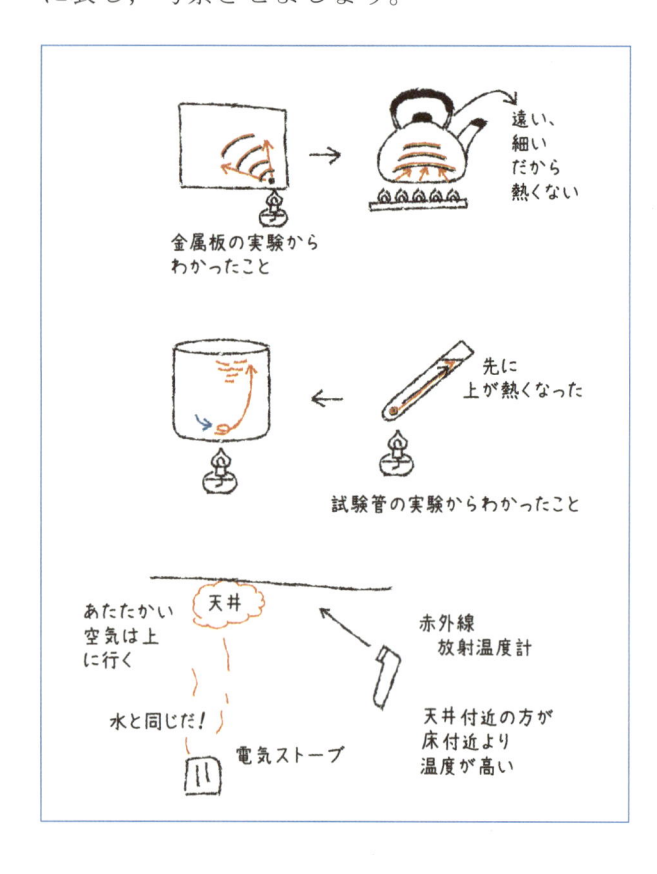

「熱が移動している」という素朴な概念を持ちます。

それをイメージ図に表現させましょう。

実際の実験は
金属は，ローソクを塗って溶かします。
液体の場合はサーモインクがよいです。
空気の対流の状況は，放射温度計で推論できます。

4 空気の温度による体積変化

へこんだペットボトルを４０度位のお湯にいれると，バキバキと音をたてて膨らみ，へこみが直るのを観察できます。この現象を十分体験させ，問題を持って学習を進めましょう。

空気は，流体なのでやはり，水と同じではないか，という問題意識が芽生えるでしょう。

問題解決は，閉じ込めた空気を温めると容器が膨らみ，中の空気の体積が増えたことを実証することです。

【コメント】

物質の温度による変化ととらえたとき，気体である空気，液体である水，個体である金属という見方を学習の終わりに実感させたいものです。

そのために，温度による体積変化が大きい空気から学習して，水を比較し，金属を比較していくとよいでしょう。そこで，結論の中に「空気と比べると～」という言葉を入れて整理するとそれぞれ物質というまとまりで見ることができるのではないかと考えます。

そして，「粒子」についての基本的な見方や概念を身に付けていくという観点から，それぞれの物質の状態変化についての「モデル図」を作成させ，熱（エネルギー）の見えない伝導の状況を粒子のイメージとしてとらえさせる思考を体験させたいものです。

「水の三態変化・自然界の水」
Ａ区分粒子（粒子のもつエネルギー）

学習指導要領

> ウ　水は，温度によって水蒸気や氷に変わること。また，水が氷になると体積が増えること。

変化とその要因・・・水の変化は温度

　水が温度によって，どのように状態が変わるかをまず，しっかりつかみます。

　確かめた事象を自然の水にまつわる変化に適用していく展開です。

1　水蒸気を見てみよう

　水が気体になると空気と一緒で見えない。ということを実感させるのがポイント

　ほとんどの児童が水が沸騰したとき出る白い湯気や風呂から立ち上る湯気を水蒸気と思っています。この認識を気体は見えない，だから水の気体である水蒸気も見えない。ということを実感させることがねらいです。

　写真の矢印のところを見てください。湯気とやかんの口との間に空間ができていますね。湯気とやかんの口のところとの間の空間の後ろに黒のラシャ紙などを置くとよくわかります。

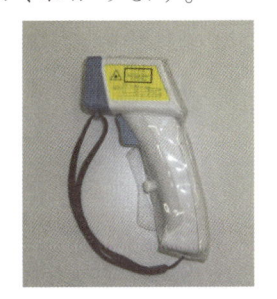

　　空間に温度計のセンサーである赤い光を当てるとそこの温度を図ることができます。

　　なお，映像として，湯気の中に冷えたスプーンを入れると，スプーンの表面に水滴が付きます。湯気が冷やされ，さらに大きな水の粒になって出てきます。

　食卓に冷たい水を入れたコップをおくと，表面に水滴が付きます。この現象も同じです。この現象を自然界で起こしているのが「朝露，川霧などです。」

2　水の温度を下げて，氷を作ってみよう

　水位を記録した容器に水を入れ，冷凍庫で冷やしましょう。また，ビーカーに寒剤を入れ試験管の水を凍らせる実験もぜひやってください。　水が凍る事象もぜひ目の前で観察させてあげましょう。感動するはずです。

【コメント】霜柱で土が盛り上がるのはなぜ？

　この単元は，物の温まり方と連動して実施されることが多いのですが，自然界の水循環というおさえで，かけがえのない地球を意識させることも大切です。写真の霜柱の説明ができることが活用です。

理科 5年

5年生の年度の初めにあたって

1　児童の科学的思考をどう育てるか

（1）5年生の特徴と期待される能力

　「人間は 10 歳にして人間になる」と脳科学者の時実利彦先生は述べています。その言葉通り，児童期から大人への土台を作る時期です。科学的な思考でも，自然事象からつかんだ問題を実証的，客観的，論理的にきちんと見ていこうという姿勢や意欲が高まり，正確な操作を心がけるようになります。

（2）5年生で育てるべき科学的思考力

　この時期に育てるべき思考操作は，問題解決に必要な大切な「条件制御」の考え方です。これは，問題解決のために重要な要因が2つ以上あるときに，1つをそのままにしてもう1つの要因を変化させ，どちらの要因が最も問題を解決するために必要なことかを明らかにしていくものです。

　5年生の目標は，量的変化や時間的変化に着目して事象にある規則性を見いだしていくことです。その際，変化させる要因と変化させない要因とを区別する条件制御の考え方を十分生かして実験・観察を行うことが大切です。

2　指導内容

（1）条件制御という思考操作を鍛えるのに適した内容

　条件制御という思考操作を鍛えるのに適した内容。

・植物（種子）の発芽と成長・・・発芽，成長に関わる条件を洗い出し，「発芽の条件」を見いだします。

・流水の働き・・・斜面の傾きと流す水量という2つの要因の関係から浸食の状況を考察させます。

・振り子の運動・・・糸の長さ，おもりの重さ，振れ幅などの要因を関係づけ，振り子の周期性に関わる要因を特定します。

・電流の働き・・・電磁石の磁力の強弱に関わる要因を見いだし，関連を確かめます。

・物の溶け方・・・水の量，温度と食塩などの溶かす物の量との関係から規則性を見いだす。

（2）5年生で扱う内容

領域	エネルギー	粒子	生命	地球
単元名	・振り子の運動 【電流の働き】	【物の溶け方】	・植物の発芽，成長，結実 ・動物の誕生	【流水の働き】 ・天気の変化

　なお，表中の赤字は，今回の「学習指導のポイント　理科編」に取り上げた単元です。

「電流の働き」
Ａ区分エネルギー（エネルギーの変換と保存）

学習指導要領

　電磁石の導線に電流を流し，電磁石の強さの変化を調べ，電流の働きについての考えをもつことができるようにする。

ア　電流の流れているコイルは，鉄心を磁化する働きがあり，電流の向きが変わると，電磁石の極が変わること。

イ　電磁石の強さは，電流の強さや導線の巻数によって変わること。

1次　電磁石のはたらき（2）	2次　電磁石の強さ（8）　　　　（　）は時間数	
《事象提示》 ◎強力電磁石にぶらさがり，電磁石について知る。身の回りで利用されている電磁石を知る。（理科コンテンツ） ◎永久磁石と電磁石の違うところと同じところを体験する。	《事象提示》 ◎残量の違う電池を使って，クリップつけゲームを行う。 《問題》 　電流の大きさによって，磁力の大きさに違いがでるのではないだろうか。	《事象提示》 ◎強力電磁石と自分の電磁石の違いを考える。 《問題》 　強力な電磁石はコイルの巻き数が違うのだろうか。また，導線が太いのだろうか。
《問題》 　電磁石の性質を調べよう。 ・電磁石と電流の関係 ・電磁石とコイルの関係 ・電磁石と極の関係 ・電磁石と心の関係	**3次　電磁石の極（2）**	**4次　電磁石の心（2）**
	《事象提示》 電磁石の極について3年生で学んだ極についての知識を確認する。 《問題》 電池の向きが変わると，極も変わるのだろうか。	《問題》 何が心のとき，磁石になるのだろうか。 ・心を長くすると磁力は強くなるだろう。 ・心を太くすると磁力は強くなるだろう。

心が無くてもコイルの周りに磁力が発生している。電流は磁力を発生させているのだ。

日野第四小学校２２年度研究紀要より

子どもの思考を揺さぶる事象・・・電流の磁化作用を気付かせる事象提示

心のないコイルに電流を流し，

マグチップに近づけるとマグチップが吸い込まれていく。

【コメント】

　この単元は，６年生の電気から５年生に移動した単元です。５年生として養うべき科学的思考，条件制御をそれぞれの問題の中で如何なく発揮させてほしいと思います。

　そのために，一人ひとりが十分に実験操作ができるように十分な時間と人数に対応した器具の準備を行ってください。

　（３人に１つの電流計，電圧計，電源装置，マグチップ（磁化しない鉄）１瓶）

　電磁石はセットものでいいです。

「物の溶け方」
Ａ区分粒子（粒子の保存性）

学習指導要領

　　物を水に溶かし，水の温度や量による溶け方の違いを調べ，物の溶け方の規則性についての考えをもつことができるようにする。

ア　物が水に溶ける量には限度があること。

イ　物が水に溶ける量は水の温度や量，溶ける物によって違うこと。また，この性質を利用して，溶けている物を取り出すことができること。

ウ　物が水に溶けても，水と物とを合わせた重さは変わらないこと。

学習のねらい・・・物が水に溶ける規則性について**条件を制御して調べる**能力を育てる

　①水の量を一定にして，物の溶ける量を調べる（飽和点まで溶かす）。

　②水の量を一定にして，温度を上げながら物の溶ける量を調べる（飽和点まで溶かす）。

　③温度を一定にして，水の量を増やし，物の溶ける量を調べる。

　④物を溶かす前の水の全体の重さと物を溶かした後の全体の重さは変わらない。

　　物が溶けて見えなくなっても，その物の重さはなくならない。

1　問題を持つ事象提示

　　目の前で，塩 5 g を 100mL の水に溶かします。塩はどうなりましたか？

＊　5年生の子どもたちは，3年生とは違って，客観的に因果関係を述べることができます。だから「ある物がなくなる」とは考えないでしょう。

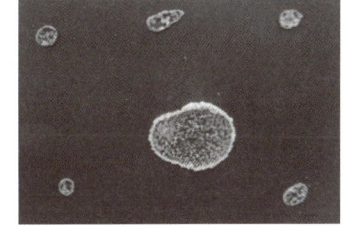

　　従って，水の中に「ある」ということの証明を考えるはずです。

　①重さを調べる。・・100mL の水と塩を溶かした水とを比べる

　②中身を取り出す。

　③外観をよ～く見て，違いを調べる。

などの方法が提案されるでしょう。それぞれ，取り組ませるのがいいと思います。

食塩水の飽和水溶液をスポイトで取り，黒いラシャ紙に垂らして水分を蒸発させたものです。

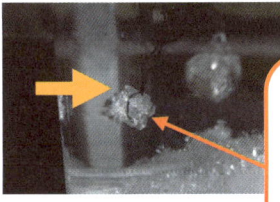

食塩水の過飽和水溶液で，塩の結晶をつくったものです。割り箸の先にモールなどをつけておくと，そこに結晶ができます。

《結晶の析出》

物を溶かした水溶液の水を蒸発させると中の物が出てくる。

【コメント】

　　ここでは，3年生の「物と重さ」に関連して，「重さの保存」をどう扱うかを中心に展開を工夫してみます。中身を取り出す検証実験から，食塩の水溶液には塩という物質が目に見えない粒子として，存在していることが実感できます。

「流水の働き」B区分地球（地球の内部）

～流れる水の働き（浸食，運搬，堆積）・川の上流・下流と川原の石・雨の降り方と増水～

学習指導要領

　地面を流れる水や川の様子を観察し，流れる水の速さや量による働きの違いを調べ，流れる水の働きと土地の変化の関係についての考えをもつことができるようにする。

ア　流れる水には，土地を侵食したり，石や土などを運搬したり堆積させたりする働きがあること。

イ　川の上流と下流によって，川原の石の大きさや形に違いがあること。

ウ　雨の降り方によって，流れる水の速さや量が変わり，増水により土地の様子が大きく変化する場合があること。

　実際に川にいけない学校では，映像教材や模型，立体地図などの情報から問題を持てるような提示がされることと思います。

　そして，≪川の水の流れの勢い，力≫の大きさという視点で問題意識を共有します。ここから，水の流れの勢いについて要因を分析していくと，

　　　・流れる水の量　　・川の傾き（斜面角）　　の二つが大きな要因でしょう。

　そこで，モデル実験により

侵食，運搬，堆積という流水の働きを実感させましょう。

　写真は，平成19年度東京都小学校理科教育研究会で紹介された分部光一先生の作品です。

　傾きを一定にして，水の量を変えたり，

　水の量を一定にして，傾きを変えたりして，

流れる土砂の量を測ります。

　流れの状態もよく観察しましょう。

　また，箱の中の斜面に入れる土は，砂や小石，粘土を，割合を考えて（4：4：2）混ぜておく。

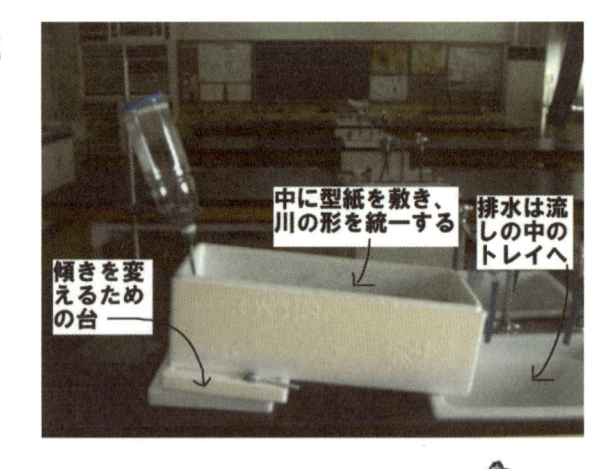

中に型紙を敷き、川の形を統一する

排水は流しの中のトレイへ

傾きを変えるための台

【コメント】

　ここでは，5年生の科学的能力の育成をモデル実験を通して育成する展開を考えました。洪水などの映像から，地形を変化させる要因を探り，その要因同士の関係から「条件制御」の考え方を生かす実験装置を工夫しましょう。

　流れる水の量と川の傾き（斜面角）という二つの条件で，水勢による地形の変化を箱の中でモデルとして再現します。割合を考えた土をたくさん用意しておくといいでしょう。地形の傾きを変えたり，水の量を変えたりして繰り返し実験し，流れの様子を観察し，実際の降雨や川の増水の状況を推論させましょう。

理科 6年

6年生の年度の初めにあたって

1　児童の科学的思考力をどう育てるか

（1）6年生の特徴と期待される能力

　最高学年の6年生は，科学的思考力（自然事象からつかんだ問題を実証的，客観的，論理的にみていく思考）の土台ができる時期です。

　この時期の児童は，論理性もついてくるので，事実をしっかりと踏まえて推論していく場を大事にする体験を積むことが屁理屈や揶揄，感覚的判断でのミスという負の状況を克服する力を生み出すのです。付和雷同する行動やいじめ，噂に流され真実を見失うことが無いように，事実を正確にとらえ，自分自身の頭で考える理科教育を充実させてほしいと思います。

（2）6学年で育てるべき科学的思考

　この時期に育てるべき科学的思考は，自然の事物・現象の変化や働きをその要因や規則性，関係を推論するという思考です。つまり，問題解決の過程（観察や実験）で得られた事実と事実とを関係付け，その因果関係を推論する力です。また，Aの事実から生じたBの事にいたる見えない過程をモデル図などを使って推論し，具体的なイメージを持つ体験を積むことで実感を伴った理解に達すると考えています。

2　指導内容

（1）推論の場の設定に適した内容

・植物の養分と水の通り道・・・種子植物の維管束の構造の観察から機能を推論する。

・人の体のつくりと働き・・・ブラックボックスである人体の構造と機能を推論する。

・生物と環境・・・地球に生まれた生命同士や環境との関係をマクロの視点から推論する。

・土地の作りと変化・・・40億年と言われる地球の歴史を岩石や地層から推論する。

・月と太陽・・・天動説の立場に立って，観測した事実から地球と月と太陽との関係を推論する。

・燃焼の仕組み・・・火が消えた事実からもとの空気と消えた時の空気の組成を推論する。

（2）6年生で扱う内容

領域	エネルギー	粒子	生命	地球
単元名	・てこの規則性 ・電気の利用	【燃焼の仕組み】 ・水溶液の性質	【植物の養分と水の通り道】 ・人の体のつくりと働き ・生物と環境	【土地のつくりと変化】 ・月と太陽

　なお，表中の赤字は，今回の「学習指導のポイント　理科編」に取り上げた単元です。

「燃焼の仕組み」
Ａ区分粒子（粒子の存在，粒子の結合）

学習指導要領

> 　物を燃やし，物や空気の変化を調べ，燃焼の仕組みについての考えをもつことができるようにする。
> ア　植物体が燃えるときには，空気中の酸素が使われて二酸化炭素ができること。

①事象提示

　　　　火を燃やす体験が無いからこそ，燃えている様子を十分に観察させよう。

　　　　そこからたくさんの事実に気付き，解決すべき問題が見えてくる。

・燃えているマッチの軸をよく観察させます。

・燃えているローソクを観察させます。

・ペットボトルやガラス瓶の中で燃え，やがて消えていくローソクや消えた瞬間の白い煙やにおいをとらえさせましょう。

・マッチやローソクの炎・・・不完全燃焼を教えましょう。

　　　煙が出るのは不完全燃焼

・植物（木）を燃やしたときに出る一酸化炭素は青い炎を上げて燃えます。

②**問題意識を連続させる**…観察から湧き出る疑問を大切に。

・物はどう変化したか？・空気はどう変化したか？

・そして，**その要因は**・・・推論の場の設定

③**燃えた植物体って？**…燃焼は，酸素と植物中にある炭素との結びつきです。

　　　ローソクの心やマッチの軸は植物です。

・酸素と結びついていく状況が燃えることです。

・燃えカスのマッチの軸を触ってみよう

　　　・・・黒いところは・・・結びつかなかった炭素です。

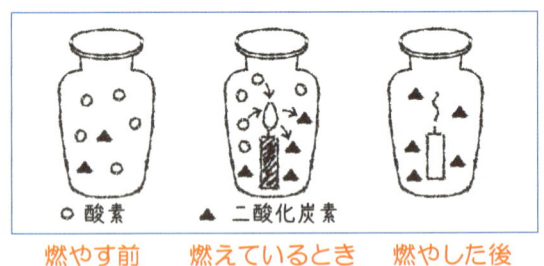

○ 酸素　　　▲ 二酸化炭素

燃やす前　　　燃えているとき　　　燃やした後

④**見えない思考を見えるように**

　イメージ図で推論させよう

　　　燃焼によって空気はどう変化したか，見えない気体の粒子を想像させよう。

- - -

【コメント】

　酸素と二酸化炭素の働きについての基礎知識は，「人の体のつくりと働き」の呼吸のしくみ，「植物の養分と水の通り道」で**光合成の働き**(炭酸同化作用の推論)に生かすことができます。この単元は従前の理科の内容から継続している重要な単元です。それは，火が人間に果たした役割，火がエネルギーであるという考え方を学ぶからです。そして，火は，直接物を温めるばかりでなく水を蒸気にして動力に変換するなどエネルギー変換の考え方を実感するのによい教材なのです。

「植物の養分と水の通り道」 B区分生命　生命の構造と機能
～植物の養分と水の通り道～

学習指導要領

> 　植物を観察し，植物の体内の水などの行方や葉で養分をつくる働きを調べ，植物の体のつくりと働きについての考えをもつことができるようにする。
> ア　植物の葉に日光が当たるとでんぷんができること。
> イ　根，茎及び葉には，水の通り道があり，根から吸い上げられた水は主に葉から蒸散していること。

①事象提示

　しおれたジャガイモと元気なジャガイモを提示し，何がそうさせたのか？　要因は？と発問し，問題を設定させます。
　ジャガイモの芽のついた部分を切って水につけておくと写真のように成長します。これを事象提示とします。また，水の通り道を調べる実験の時にも，このままシャーレに食紅を溶かした水溶液を入れて，しるべ道管を染色します。

②問題意識を連続させる・・・

　水分の通り道はホウセンカを使う実験が多いのですが，ジャガイモを使って，でんぷん形成を調べているので，ぜひ，ジャガイモで挑戦してください。

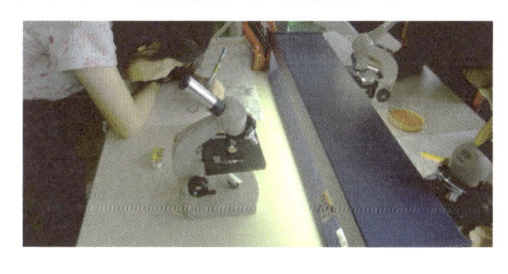

けんび鏡で見て気がついたこと！
くき・赤くて水の通り道があった。
葉・緑色、赤くはなっていない。

葉　　茎　　根

結論

ちがうのを見たら…

クラスの結論

③推論の場の設定

赤く染まったところは，どこまで続いているのか？
染色された部分を根拠に水分の流れをイメージ図で推論させよう！

【コメント】

　６年生で養うべき思考は，「事実に基づく推論」です。日光を当てなかった葉は，でんぷんが検出されない。という事実から「葉の中で何が起きているのか，日光は，どんな働きをするのか」について推論させます。
　赤い水に植物の根を浸すと葉まで赤くなる。という事実から植物の体内の水の移動を推論させます。（＊実験は，すべてジャガイモで行うことが望ましいと思います。）

理科 6年
「大地のつくりと変化」 Ｂ区分地球（地球の内部）
〜土地の構成物と地層の広がり・地層のでき方と化石・火山の噴火や地震による土地の変化〜

学習指導要領

> 　土地やその中に含まれる物を観察し，土地のつくりや土地のでき方を調べ，土地のつくりと変化についての考えをもつことができるようにする。
> ア　土地は，礫，砂，泥，火山灰及び岩石からできており，層をつくって広がっているものがあること。
> イ　地層は，流れる水の働きや火山の噴火によってでき，化石が含まれているものがあること。
> ウ　土地は，火山の噴火や地震によって変化すること。

　自然の少ない環境にある学校でも可能な授業の工夫を紹介しましょう。ポイントは多分どの学校にもある**標本**です。それから，地層や火山模型なども活用しましょう。

堆積岩の標本セット

①標本から何がわかるか，それぞれの児童に手に取って見せてあげてください

・粒がたくさん入っている，色はその粒の色が作り出している。

・きらきら光っている粒が見える。

・ざらざらしている，つるつるしている。

・縞模様がある。

・重さも少しずつ違う。

・つめで，削ることができるものもあれば，とても硬いものもあるなど，いくつもの観察事実を集めることができます。

> 「この石のしま**模様**はどのようにできたのだろう」…推論
> 　これは，川に落ちていた**堆積岩の石の縞模様**です。この模様がどのようにできたのかを考えさせるのもよいでしょう。
> 　つまり，模様は，石を構成している粒が集まってできたもの。そして，石ができる前に積み重なっていた。それが長い間に硬くなり，やがて岩になった。その岩が何かの働きで，崩れ，川を下る間に，小さくなり，角が取れて丸くなったものです。

②火成岩標本を同じように扱ってみましょう

　ただし，火山の活動については，教科書などで予備知識を与えておきましょう。実際に体験で

きないＢ区分の内容は，全体をつかむための映像や教科書の写真などを十分に活用しましょう。

③地層を観察する・・・工事現場などで地面の下を観察させましょう。

地面の下のしま模様

　この事実と地殻変動や火山活動の映像や５年生の流水の働きの知識，堆積や侵食作用の知識を総動員して，標本の岩石の成り立ちを推論させていくのはどうでしょうか。

④地層のでき方や構成物を取り出す，モデル実験

　右下の写真は，ペットボトルに海岸の砂と鹿沼土と赤土と水とを入れて，よく振り混ぜて置いたものです。水が澄んだ頃，「地層」ができています。

鹿沼土などの火山灰

粘土　　砂　　小石

　蒸発皿にあるものは赤土を水で溶いて，粘土質を洗い流したものです。これを，実体顕微鏡で見ると火山性の噴出物（輝石やカンラン石の結晶や軽石の破片）を見ることができます。
　鹿沼土ならば園芸店で手に入ります。

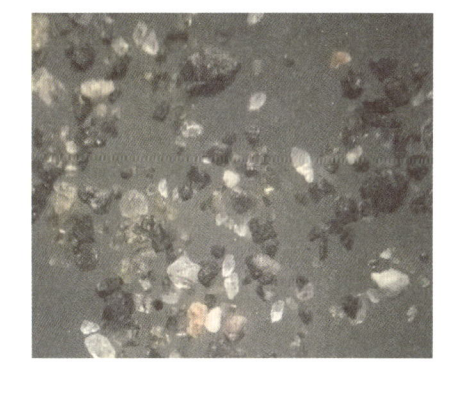

【コメント】

　この単元は，事象そのものを丁寧に観察する。そして，それらの事象をたくさん集める。その中に実際に体験できる紹介してきたようなわずかな事実を根拠として要因を推論し，自然の営み（土地のつくりと変化）についての考え方を創っていくという学習展開になります。
　ここで，発展学習として「ビル化石」などを探してみてはいかがでしょう。写真は，東京駅の丸ビル地下の壁にあるアンモナイトの化石です。

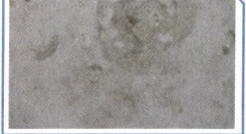

「水溶液の性質」
Ａ区分粒子（粒子の結合，粒子保存性）

学習指導要領

> いろいろな水溶液を使い，その性質や金属を変化させる様子を調べ，水溶液の性質や働きについての考えをもつことができるようにする。
>
> ア　水溶液には，酸性，アルカリ性及び中性のものがあること。
>
> イ　水溶液には，気体が溶けているものがあること。
>
> ウ　水溶液には，金属を変化させるものがあること。

1次　例示のような安全な水溶液を使って，基本操作を安全に行うように訓練します。

　・ガラス器具の扱い　・安全めがねの着用　・整理した机上で，立って実験を行う操作
　・試薬の使い方

　　　　調べる液をガラス棒に伝わせて注ぐ・・・練習させてください。

　　　　あるいは，調べる液をピペットに取り，ガラスの壁面を伝わせ注入する

　＊この操作は，酸性とアルカリ性を調べるときの基本操作になります。

　　　　水溶液を作るときや薄めるときの基本・・・水の中に溶液や固形物を入れる。

　＊この操作は，子ども達と一緒に行ってください。

　　例としては，6規定の塩酸水溶液を3規定にするときなどです。自分たちで作った水溶液を使って実験させるとよいでしょう。**安全めがねは必ず着用しましょう。**

2次　水溶液に何が溶けているかを調べる。（5年生の物の溶け方の結晶の復習）

　水を蒸発させて，溶けている物質を取り出す。（固形物がある場合はろ過してから行う）ここで，炭酸水を扱い，石灰水を使って気体が溶けていることを検証してもよい。

　＊器具の洗浄，火の扱い，蒸発皿のセットの仕方，るつぼバサミの扱いなど化学実験に必要な
　　基礎的な技能を学びます。

3次　透明な水溶液の性質を試薬を使って調べる。「水（蒸留水）」と比べる。

①酸性とアルカリ性を（リトマス紙，リトマス液，ＢＴＢ液，しそ液，紫キャベツ液）などの液を使って，塩酸溶液（3規定溶液）・水酸化ナトリウム溶液（3規定溶液）・食塩水（10％溶液）と水について調べます。結果を表にして考えてもいいですね。

　＊この実験で初めて，危険な薬品を扱います。食品のときの体験を生かします。

②金属との反応で調べる。・・・（ここでは，金属を試薬と考えて扱います。）

	水	塩酸水溶液	水酸化ナトリウム水溶液	食塩水
鉄（スチールウール）	変化なし	泡を出して溶ける	変化なし	変化なし
アルミ箔片	変化なし	泡を出して溶ける	泡を出して溶ける	変化なし
銅片	変化なし	変化なし	変化なし	変化なし
金属が溶けた液を蒸発させる		固体が出る	固体が出る	

＊この「金属との反応」についての扱いの趣旨は，金属を「試薬」とみたてて，水溶液の反応をみるというもので，学習指導要領の扱い「金属を変化させる水溶液」という内容の解釈として，金属がリトマス紙なので金属が試薬となるということです。

③溶けた金属はどうなったのか・・・蒸発させたときの固形物は，元の金属と同じか違うか？

＊ここは，２次の溶液の中に溶けている物質は何かの活用になります。そして，今回の学習指導要領の目玉の一つ，《モデル図を使った推論》の場になります。

子どもらしいイメージの粒子モデルが提案されるといいですね。

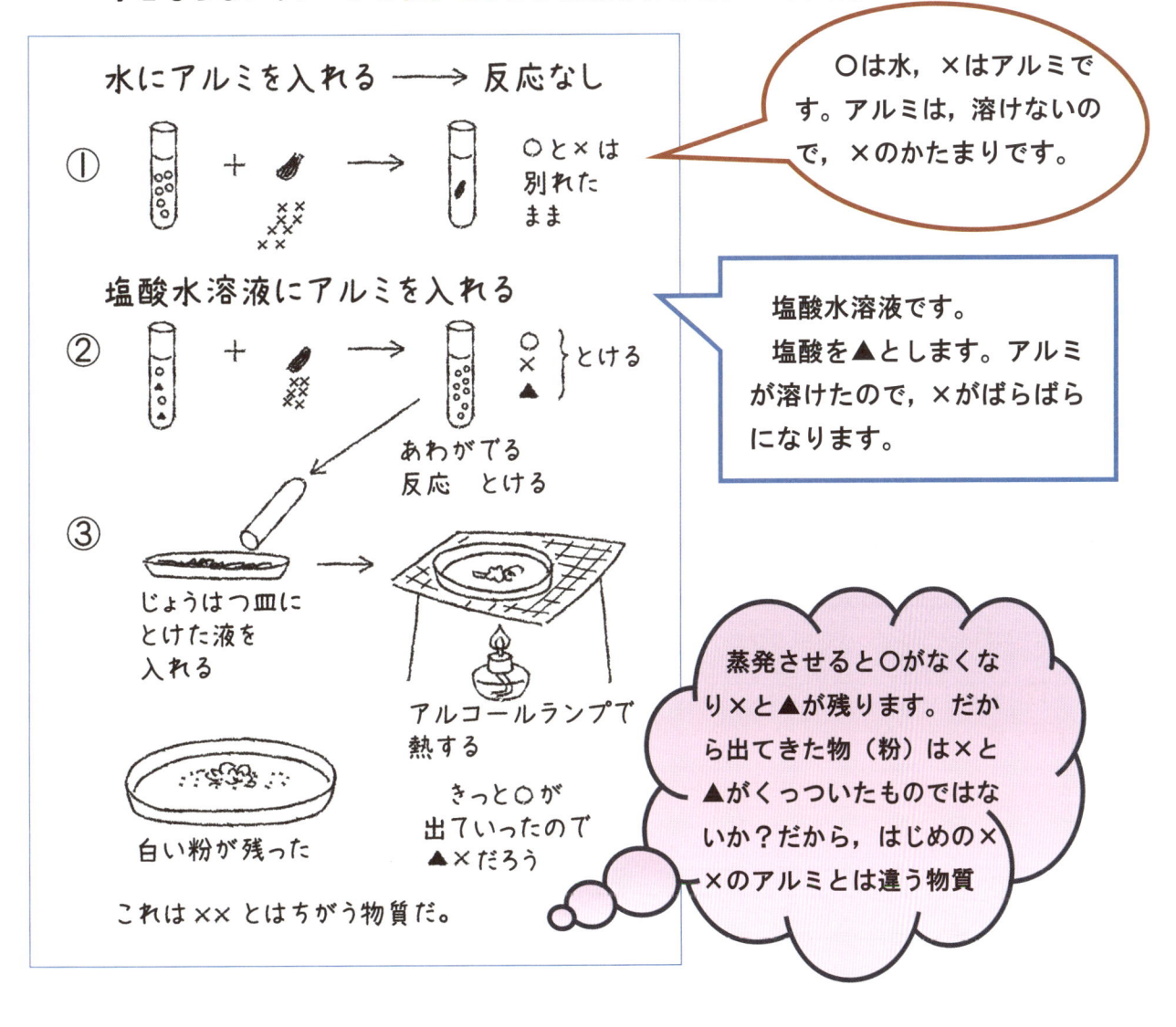

はなまるサポートアップ一覧

https://www.djn.co.jp/support/

＊以下の内容は，はなまるサポートの「今月の学習指導ポイント」で見ることができます。

No.	タイトル(1〜8回は省略してあります)	年　　月
9	3年「じしゃくのふしぎを探ろう」　4年「季節と生物」「ものの温まり方」 5年「電流の働き（電磁石の働き）」　6年「てこの規則性（電磁石の働き）」	2012 年 01 月
10	3年「物と重さ」　4年「水のすがた・・・水の三態変化」 5年「ふりこのきまり」　6年「発電と電気の利用」	2012 年 02 月
11	3年「おもちゃつくり」　4年「水のゆくえ・・・」 5年「人の誕生」　6年「自然とともに生きる」	2012 年 03 月
12	3年「身近な自然の観察」　4年「季節と生物」 5年「植物の発芽と成長」　6年「燃焼の仕組み」	2012 年 04 月
13	3年「身近な自然の観察」　4年「昆虫と植物」「季節と生物」 5年「植物の発芽と成長」　6年「燃焼の仕組み」	2012 年 05 月
14	3年「風やゴムの働き」　4年「電池の働き」 5年「動物の誕生」　6年「植物の養分と水の通り道」	2012 年 06 月
15	3年「風やゴムの働き」　4年「夏の大三角の観察」 5年「花から実へ」　6年「生物と環境」	2012 年 07 月
16	3〜6年　2学期の教材研究をゆっくりと・・・	2012 年 08 月
17	3年「風やゴムの働き」　4年「私たちの体と運動」 5年「生命のつながり」　6年「月と太陽」	2012 年 09 月
18	3年「太陽と地面の動き」　4年「月や星」 5年「流水の働き」　6年「大地の作りと変化」	2012 年 10 月
19	3年「光の性質」　4年「ものの温度と体積」 5年「電流の働き（電磁石の働き）」　6年「水溶液の性質」	2012 年 11 月
20	3年「物と重さ」　4年「ものの温まり方」 5年「電流の働き（電磁石の働き）」　6年「水溶液の性質」	2012 年 12 月
21	3年「電気の通り道・・・電気で明かりを付けよう」　4年「ものの温まり方」 5年「ものの溶けかた」　6年「てこの規則性（電磁石の働き）」	2013 年 01 月
22	3年「じしゃくのふしぎを探ろう」　4年「水のすがた・・・水の三態変化」 5年「ふりこのきまり」　6年「発電と電気の利用」	2013 年 02 月
23	3年「おもちゃつくり」　4年「水のゆくえ・・・」 5年「ふりこのきまり」　6年「自然とともに生きる」	2013 年 03 月
24	3年「身近な自然の観察」　4年「季節と生物」 5年「天気の変化」　6年「燃焼の仕組み」	2013 年 04 月
25	3年「植物を育てよう」「昆虫を育てよう」　4年「天気と気温」 5年「植物の発芽と成長」　6年「人の体のつくりと働き」	2013 年 05 月
26	3年「植物を育てよう」「昆虫を育てよう」　4年「電池の働き」 5年「動物の誕生」　6年「人の体のつくりと働き」	2013 年 06 月
27	3年「昆虫と植物」　4年「月と星・夏の大三角の観察」 5年「動物の誕生」　6年「生物と環境」	2013 年 07 月
28	3年「風やゴムの働き」　4年「私たちの体と運動」 5年「生命のつながり」　6年「月と太陽」	2013 年 08 月
29	3年「太陽と地面の様子」　4年「月や星」 5年「流水の働き」　6年「月と太陽」	2013 年 10 月
30	3年「光の性質」　4年「ものの温度と体積」 5年「流水の働き」　6年「大地の作りと変化」	2013 年 11 月
31	3年「物の重さ」「磁石の性質」　4年「季節と生物」「冬の夜空」 5年「もののあたたまりかた」「物の溶け方」「電磁石の性質」 6年「大地の作りと変化」「てこの規則性」	2014 年 01 月
32	3年「磁石の性質」　4年「水のすがた・・・水の三態変化」 5年「ふりこのきまり」　6年「生物と環境」	2014 年 02 月
33	3年「身近な自然の観察」　4年「季節と生物」5年「天気の変化」「植物の発芽と成長」6年「燃焼の仕組み」「人の体のつくりと働き」	2014 年 05 月

社会編

加藤　良子（教育同人社初等教育研究所　社会科部長）

Profile

元公立小学校教諭。平成 23 年 3 月末で退職。
38 年間に 4 区 5 校で勤務する。各区で社会科部に所属。
地域教材を開発し，各学校で様々な実践を積み上げてきた。
趣味は，江戸の歴史や文化に親しむこと。現在，月に数回，
江戸東京博物館で展示ガイドボランティアをしている。

メッセージ

＜教えることが楽しい社会へ＞

　最近，若い先生の多くが「社会科は教えにくい教科」と感じているというアンケート結果があることを聞きました。私が新採の時はもう４０年前になりますが，私も社会の時間が一番憂鬱でした。なぜかというと，４５分授業をしなければいけないのに，１５分ぐらいで終わってしまうのです。どうやって間をもたせようかといつも困っていた記憶があります。最近の若い先生方と私が同じ理由で困っているかどうかは分かりませんが，「何を教えるか」は分かっても，「どうやって教えたらよいか」で躓いてしまうのではないでしょうか。

　教えにくいと感じられている社会科ですが，教科の名が表すように，誰もが生活していく社会について学び，よりよく生きていくための知識や知恵を身に付けていくための大切な教科です。先生自身が「教えることが楽しい」とか「子どもたちにこのことは分かってほしい」とか心から思わなければ，つまらない授業になること間違いなしです。

　私の場合は，同僚の先生方が文字通り手取り足取り授業の方法や資料の使い方を教えてくださり何とか最初の壁を突破しました。その後は，自分が凄いと思ったことを教材化したり，子どもが喜ぶような資料をつくることにはまってしまい今日に至っています。

　「教えにくい教科」から「教えることが楽しみな教科」へ，この本が，若い先生方の最初の壁を突き崩す一つの力になってくれることを祈念しています。

社会 3年
初めての社会科 出会いの時間に心をつかもう！
─子どもの心をつかむ学習活動の工夫─

　学年の始まり，子どもたちは新しい学習に期待をふくらませています。3年生は新しい教科との出会いを楽しみにしています。しかし，教師のほうは大変多忙な時期で，教科書や副読本を配って，ぱらぱらめくり，十分な準備がないまま学習を始めてしまうこともあるのではないでしょうか。そこで，社会科との出会いの時間─「初めての社会科の時間」─の手助けになるように，学習の流れに合わせていくつかの場面を紹介します。

（1）3年生社会科　第1時間目（社会科オリエンテーション）学習の流れ
・本時のめあて
　3年生の社会科では何を学習していくのかを知り，これから自分たちのまちを調べていく意欲をもつ。
・学習の流れ

場面①　まちのイラストを見せ，発見したことを発表する。

> これから「社会」の学習が始まります。新しい教科です。さて，どんな学習をしていくのでしょう。初めに，あるまちのイラストを見てみましょう。みんなの住んでいるまちと比べてどうかな。これから学習していくヒントがたくさんありますよ。

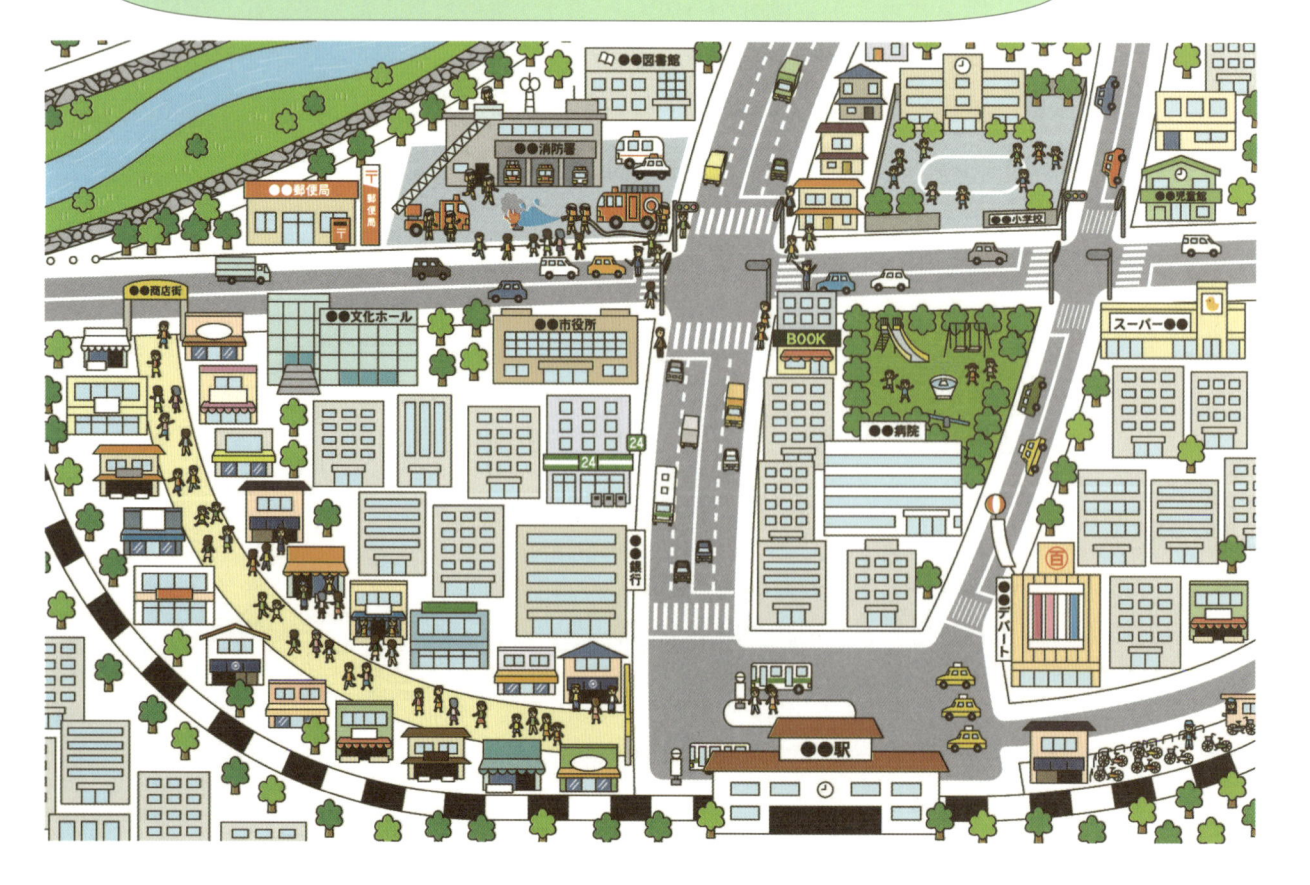

公園がある。わたしたちのまちの公園とにている。

商店がいがあって，買い物をしている人がたくさんいます。

すごい！もう見つけましたね。ほかに何がありますか。どんな人がいますか。働いている人はいますか。何をしているところか分かりますか。では，イラストの中のまちに入っていって探検してください。発見したことを，ノートに書いて発表しましょう。

駅があって，駅の前にタクシーやバスが止まっている。

まちの人と消防士さんたちが消火くんれんをしています。

場面②　みんなの発見からどんなまちか考える。

まちをたんけんしよう

＜まちのようす＞	＜はたらいている人＞	＜どんなまち＞
・駅前にはバスやタクシーの乗り場がある。	・自てん車をせいとんしている人	買い物にべんりなまち →商店がい，デパート，スーパー，コンビニ
・商店がいでたくさんの人が買い物をしている。	・交通せいりをしているおまわりさん	
・川やなみ木がある。	・お店でなにかを売っている人	
・じどうかんや公園がある。		

たくさん発見しました。とても細かいところにも気付いて感心しました。では，このまちはどんなまちかな？わけも言えるといいですね。

べんりなまち。わけは，商店がいやデパートがあって，買い物にべんりだからです。

スーパーやコンビニもあります。

子どもたちは，イラストから何かを見つけ出す作業は大好きです。教科書にあるイラストを活用してもよいですし，３，４年生の社会科学習に合わせた図書が図書館等にあれば，子どもにとって楽しく感じられるものを選ぶとよいと思います。

　気付いたことを発言したりノートに書いたりする時，「駅」「消火訓練」「便利」というように，単語でしか答えられない子もいます。発した言葉は，キーワードで，とてもよい気付きなので「すごい，よい発見ですね。」とまず褒め，その後に「駅の前のようすは」「誰が消火訓練をしているの」「なんで便利だと思ったの」というように，文になるように尋ねてあげてください。そのようなことを繰り返していくと，単語だけではなく文で答えられるようになると思います。社会科の学習においても言語活動の向上につながる指導は必要です。

| べんり | 何に便利かな。 | 買い物にべんり | どの部分から分かったの。 | 商店がいやデパートがあるからです。 |

場面③　自分たちのまちのようすを調べていくことを知らせる。

　このイラストのまちからたくさんの発見ができましたね。このまちのよいところは，交通や買い物に便利で，公園や並木があって緑があることかな。学校や児童館や公園があって子どもによい施設もあります。いろいろな楽しい行事もありそうですね。

　さて，これから皆さんが社会で学習するのは，本物のまちです。それも，学校を中心に，皆さんがよく知っているわたしたちのまちです。さっきは，イラストの中に入ったつもりで探検しましたが，次の社会の時間からは，本当のわたしたちのまちに出かけて行って，まちのようすを調べ，わたしたちのまちのよいところをたくさん発見しましょう。次の社会の時間は，調べに行くための準備をします。

　まちのいろいろな場所，調べるの楽しそう。
　行ったことないところもあるし，わたしたちのまちは，どんなまちかな。早く行きたい。

　社会科って，何かを調べる勉強かな？

　社会科の初めての時間ですから，次の時間への期待をもたせることが大切です。本当のまち探検に行けるのですから，子どもたちは喜びます。また，ここでは，社会科の学習が，「調べること」とつながっていることに気付かせます。

　Kさんは，「調べる」ことが社会の勉強かな？と思ったようですが，その通りですよ。社会の時間にはいろいろなことを調べます。では，何を調べるのかな。それは，「わたしたちがくらしている社会」の様子です。「人々がくらしている世の中」とも言うかな。でも，いっぺんに調べられないので，順々に調べていきます。まずは，一番近い「わたしたちのまちの様子」です。それから広がって「わたしたちの区の様子」も調べますよ。

区も調べに行くんですか。

　そうです。バスや電車に乗って調べに行きますよ。区の次はもっと広げて，東京都を調べます。4年生になってからですが。

すごいね。調べることがどんどん広がっていくね。まだ広がるのかな。

3年生，4年生では・・・

わたしたちのまち　**わたしたちの区**　**わたしたちの東京都**

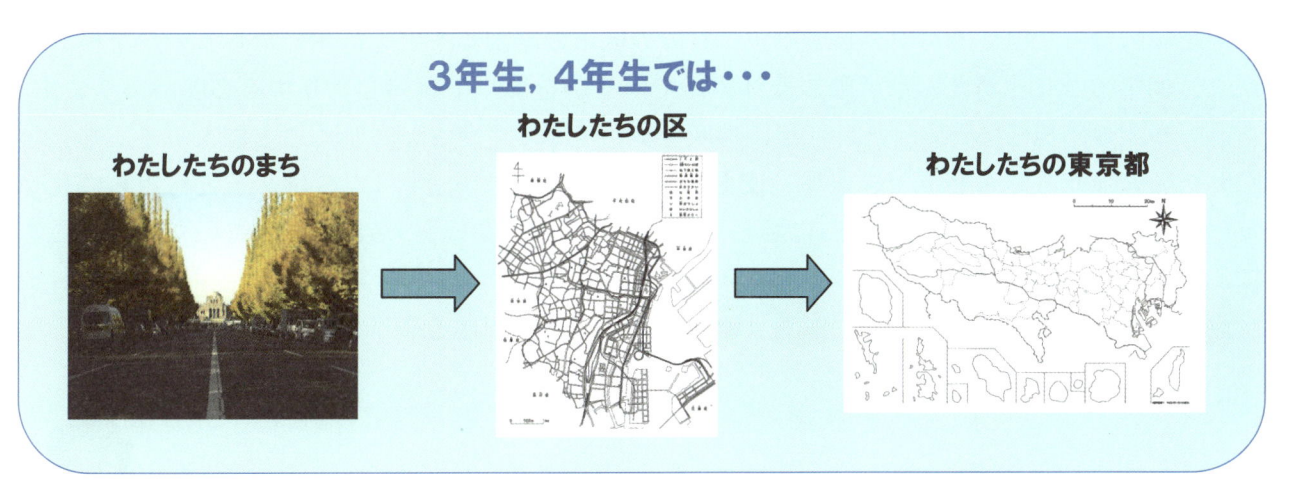

5年生，6年生では・・・

日本のいろいろなところ　**世界のいろいろなところ**

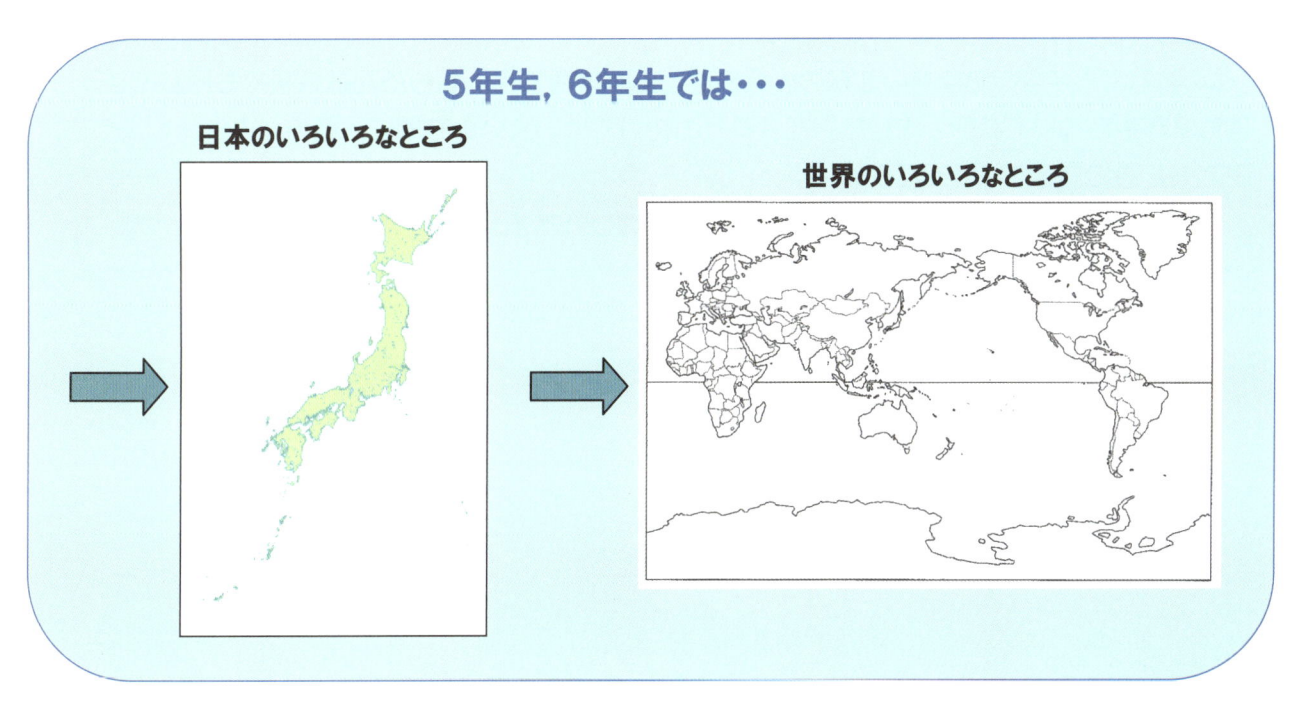

> 　社会科の学習では，わたしたちの住んでいるまちや働く人の様子から始まって，わたしたちの区，東京都，日本，世界にまで広がっていきます。すごいですね。
>
> 　調べたことは，いろいろな人に伝えます。伝え方もいろいろな方法があって楽しいですよ。この間，5年生がテレビのアナウンサーのように伝えていましたよ。6年生の教室には，調べたことを新聞にして貼ってありました。今度一緒に見に行きましょう。皆さんも6年生になるときっと書けるようになります。楽しみですね。

（2）3年生の社会で大切にしたいこと

　3年生，4年生の社会科の目標のキーワードは，<mark>「地域社会」</mark>です。・地域社会の一員としての自覚をもつようにする　・地域社会に対する誇りと愛情を育てるようにする　・地域社会の社会的事象の特色や相互の関連などについて考える力・・・とあるように，地域社会が学ぶ対象になっています。

　3年生は，当然地域に出ていく学習が多くなります。資料も一般的なものではあてはまらずに，その地域に合った独自のものが必要です。自分の区市の副読本をどう活用したらよいかを検討したり，例年の3年生がどんな活動に取り組んでいるかをよく下調べしたりする必要があります。もう一つ，3年担任に決まったら，ぜひ地域を歩いてみてください。歩くことによって，知らなかったことをたくさん発見できます。安全確認はもちろんですが，「ここは，子どもたちに見せたい」とか，「ここには子どもたちに話してくださる人がいそう」「名前は知っていたけど，ここにあったんだ」等々，たくさんのことを発見するでしょう。

　<mark>地域を学ぶ</mark>ために，<mark>地域をよく知り</mark>，<mark>地域で学ぶ</mark>ことができるように期待しています。

【コメント】
　どの教科でも学年の始まりの最初の出会いはとても大切です。もちろん社会科でも同じです。今回は3年生についてお話しました。社会科との初めての出会いの時間に，期待がふくらむように，子どもたちに話しかけてください。
　このコーナーが皆さんの参考になればすごくうれしいです。

東京に伝わる伝統の技
―「東京染小紋」本物の型紙，反物を活用して―

（1）本物は言葉を超える力あり！

右の写真は，「東京に伝わる伝統の技」の授業の写真で，伊勢型紙とよばれる小紋の型紙を児童が見ている場面です。

「わー，細かい。」「すごーい。」

と，写真から子どもの声が聞こえてくるようですね。光にかざすと，向こう側が透けて見えるほど模様が細かいのです。東京染小紋（江戸小紋）は，細かい柄が特徴です。1mm以下の線や丸の模様がぎっしり並んでいる柄も珍しくありません。これには，説明はいりません。見ればそのすごさは実感できるのです。

今回は，東京染小紋の型紙を使った授業の様子を伝えます。

授業は，先月，S校で行いまし

た。私は，毎年この授業をS校で行っているので，昨年度も「今月の指導」でお伝えしましたが，新しい発見もありましたので，より分かり易く授業の様子をお伝えしたいと思います。

（2）型紙や反物を主な資料として扱う授業の計画

例年は，平成23年版社会科指導計画（東京都小学校社会科研究会）の指導計画に則って―伝統や文化を生かすまち「東京染小紋」［8時間］―の導入として授業をしましたが，今回は，国際科の授業と関連させ，東京に伝わる伝統の技をより広く知らせたいという担任の先生の要望により，指導計画を少し変えました。

1　**小単元の目標**　「東京染小紋」「江戸切子」「江戸風鈴」など，東京に伝わる優れた技術による製品がそれぞれの地域で盛んになったわけやその製造過程などについて，実際に触れたり，映像，副読本，インターネット等を活用したりして調べ，優れた技術が東京に継承され続けていることについて考え，作品にまとめることができる。

2　**本時のめあて**　東京染小紋の型紙や反物に触れることを通して，東京に伝わる伝統技術のすばらしさを実感させ，「東京染小紋」を始め東京に伝わる伝統的な製品について調べていこうとする意欲を高める。

3　本時の流れ　　　　（　）子どもの活動　　　・教師の主な発問，説明

(1)　東京には，古くから受け継がれてきた技による製品がたくさんあることを知り，その中のいくつかの製品に触れる。 ・江戸風鈴は，一つ一つ手作りなので音色が違います。 ・江戸切子は，江東区，墨田区に工場が集まっています。 ・東京彫金は，金，銀，銅などの金属に美しい模様を彫刻して作ります。 ・皆さんのおうちで見かける製品があるかも知れません。	・大切なものに触れることを時前に知らせ，手をきれいに洗わせておく。 ・江戸風鈴 資料①-1 ・江戸切子のグラス 資料①-2 ・東京彫金のブローチ 　資料①-3 ・東京染小紋の反物　資料②
(2)　東京染小紋の反物を見ながら，染小紋の歴史，着物が長い布から作られていること，染小紋は細かい柄が特徴であることなどを知る。 ・染小紋は，江戸時代の武士の裃の柄でした。 ・着物は，この反物から作られます。教室よりずっと長い布です。あとで，触ってみてどんなことを感じたか教えてね。 ・この売り場の写真を見ると，反物や着物の様子が分かりますね。	・東京染小紋の反物　資料② ・デパートの売り場の写真 　資料③
(3)　東京染小紋の型紙を見るコーナー，反物に触れるコーナー，道具の写真や他の製品に触れるコーナーの三ヶ所を回る。 ・どれも高価で大切なものです。丁寧にやさしく触れてみてください。五感をフルに使って，本物のよさを感じ取ってみてね。	・教室に三つのコーナーを作り，資料に触れられるように準備する。どれも貴重なものなので，ゆっくりと丁寧に製品に触れるように事前に十分注意をしておく。 ・東京染小紋の型紙　資料④ ・型紙は蛍光灯の下などにかざしてあげるとよい。 ・反物は，衣装敷紙の上で広げ，その周りに靴を脱いで座らせる。
(4)　三つのコーナーから感じ取ったことをワークシートに記入し，東京染小紋をはじめ，東京に伝わる伝統的な製品についてさらに調べたいことを考える。 東京染小紋や江戸切子などの製品についてさらに調べ，そのよさを伝えよう。	・東京のよさを伝えるパンフレットに，「東京に伝わる伝統的な製品」についても書き加えることを知らせる。

＜評価＞東京の伝統工業製品についてさらに知りたいという意欲をもてたか。

（3）授業の実際と使った資料

（1）　東京に伝わる伝統的な製品を紹介する。**資料①，②**

資料①-1

　　　浅草のデパートで購入した<mark>江戸風鈴</mark>。風鈴の下のガラスが
ギザギザしているのが本物です。内側から絵を描いていて触
るとざらざらしています。ギザギザとざらざらを確かめると
一つ一つがちがう風鈴のよさが伝わってきます。

資料①-2

資料①-3

　　　我が家にある<mark>江戸切子</mark>のぐい飲
みです。両方とも伝統的な柄です。
左は市松模様といい，江戸時代の
役者さんの名前が由来です。

　　　日本橋のデパートで購入した彫
金のブローチで，もうずいぶん愛
用しています。<mark>東京彫金</mark>は東京の
伝統工芸品に指定されています。

資料②

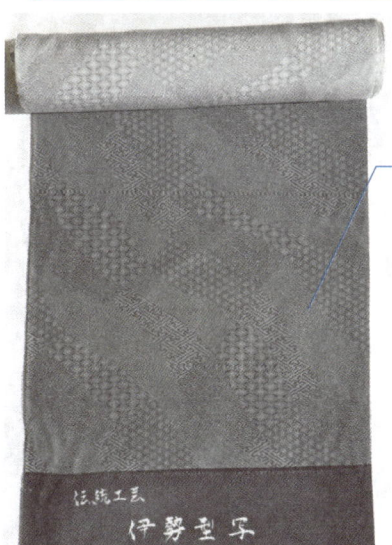

　　　伊勢型写と書いてありますね。江戸小紋の柄
を決定する<mark>伊勢型紙</mark>を写したものですという意
味です。この型紙がなければ江戸小紋は作れま
せん。この型紙を作る道具や技は，日本の伝統
的工芸品の指定を受けています。授業で使うの
は，この型をプリントした反物ですが，子ども
たちに触ってもらい，シルクの感覚，細かい柄
を実感してもらいます。

資料③の写真について

　日本橋のデパートで行われた東京の伝統工芸展で許可を得て撮ったものです。並んでいる反物，広げてある着物，着物を着ている人が写っているので，反物を普段見ない子にも分かり易く，反物と着物の関係を理解する助けになりました。

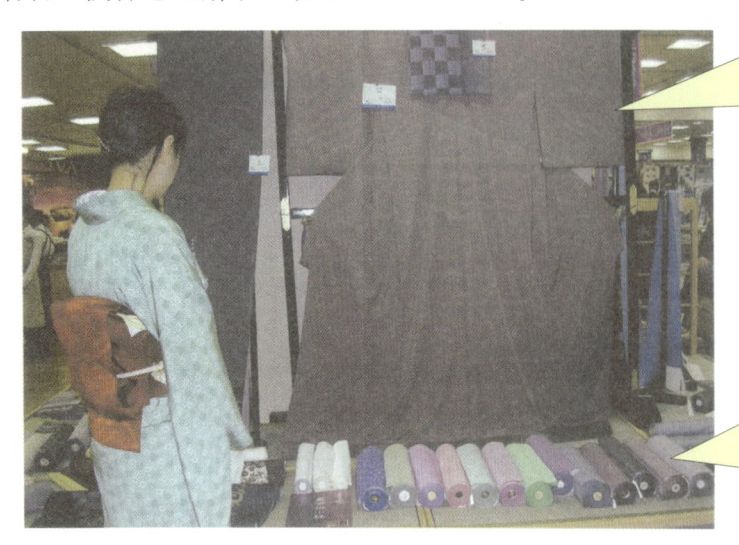

> 着物を着ている人は見たことがあるけど，反物からできているとは思いませんでした。

> たくさん並んでいる反物は，みんな色や柄が違うんですね。買うときは迷いそう。

(2)　資料④　東京染小紋の型紙を見ての反応

　私はだまって型紙を蛍光灯の下にかざし，子どもたちを一列に並ばせ，一人一人にじっくり見せました。（P109の写真です。）前の友達の表情の変化を見て，待っている子は，早く見たいと期待が膨らみます。自分の番がきて，光に浮かび上がる細かい模様を見ると，どの子も予想以上の美しさに表情が変わります。

※これは実物大です。

> すごくきれい。遠くから見ると何も分からなかったけど，近づいて見ると感動です。

> この技ができる人は，どのくらい修行したんだろう。型紙を彫るのにどのくらいの時間がかかるのだろう。

> わぁーお，細かすぎる。人が彫ったとは思えない。すごすぎる。

(3) 資料②の反物を五感で感じて

手をきれいに洗って，和紙の衣装敷紙の上に正座すると，それだけで大切なものに向き合うという気持ちになるようです。みんな，そっと触れたり模様を見つめたりしていました。

> つるつるしてやわらかく，肌ざわりがいいです。気持ちがいいです。

> すごく大切な感じがします。これが着物になるのね。

> 細かい柄だけどずっとつながっている。どうやって柄がつながっていくんだろう。

(4) 子どものノート

授業後，子どもたちのノートを見せてもらいました。3名だけの紹介ですが，どの子も本物の製品のよさとそれをつくる技術に感心しています。「長い布にどうやって柄を続けていくのか」「職人さんはどれくらいで一人前になるのか」など次の調べる時間につながる事柄も書いてありました。

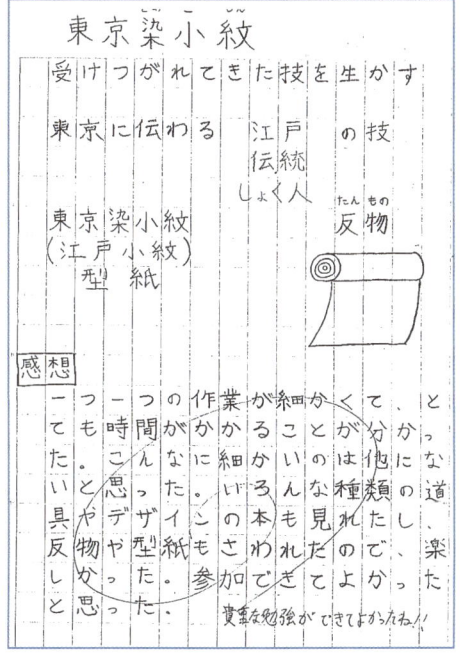

> うちにも江戸切子があるけど，こんな作り方が細かいとは驚いた。昔の人はすごいと思う。江戸切子のよさを今でも伝えようとしているから受けつがれている。これからも伝わってほしい。

> ぼくは型紙をちょうこく刀だけであそこまで細かいがらをつくれると分かり，おどろきました。風鈴も今まではどれもほとんど同じだと思ってたけど，先生に教えてもらい，見分け方が分かったので，昔ながらの風鈴を買ってみたいなとおもいました。

調べ方は，4年生の副読本「わたしたちの東京都」（東京都小学校社会科研究会：明治図書）やインターネット等を使って調べていきます。最近は，どの製品もホームページが充実していて私たちが調べやすくなっています。東京染小紋や江戸切子は作り方の映像も見ることができます。（ユーチューブで）

（4）伊勢型紙の職人さんの技を見る

　最後に，授業とは離れますが，最近訪ねた「紀尾井アートギャラリー・伊勢型紙美術館」で見聞したことを伝えます。きっかけは 11 月 3 日（2013 年）の新聞です。伊勢型紙の職人さんの技を実際に見ることができると伝えていました。

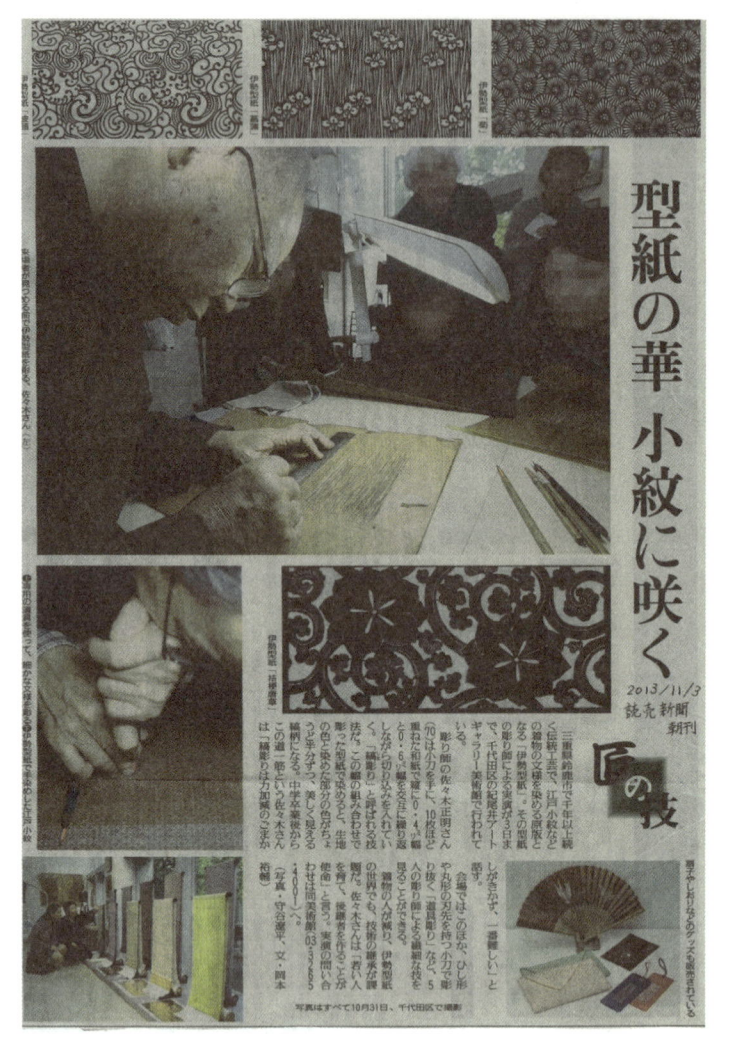

　子どもたちに型紙の細やかさを毎年伝えているのに，「伊勢型紙」については教科書の簡単な記述ぐらいしか知らなかったことと，どうしても職人さんの技を自分の目で見てみたくて訪ねてみました。

　1 寸（約 3 cm）に 20 本以上の線を彫る「引き彫り」の実演には，息がとまるほどでした。また，「錐彫り」の実演では，3 cm平方に何百もの小さな穴をあけるところを見ました。手作りの道具と手先の繊細な動きに惹きつけられました。毛方筋や鮫小紋という江戸小紋伝統の柄はこうして生まれるのかと，感動に浸った時間でした。

　美濃和紙を原料として三重県鈴鹿地方で生産された型紙は，日本各地に運ばれ，それぞれの地域で呉服や革製品の柄として活躍しています。甲州印伝の模様も伊勢型紙と聞いてびっくりしました。様々な技がつながってさらにすばらしい製品になる日本の総合力を感じた日になりました。

【コメント】

　教材研究の場は，割に身近な所にあります。インターネットで何かと調べられる時代ですが，五感を大切に教材研究や授業が出来るといいですね。

環境を取り戻し守る取り組み
―教科書を活用する指導のポイント―

　「なぜ環境に対する意識を高めなくてはいけないか。」それは，私たちがこの社会の中で生活していくこと，生きていくことに直結するからです。日本は，高度成長期に大変な公害を経験し，そこから抜け出すために様々な取り組みがなされ，その過程で人々の命や健康を優先して考えるようになってきました。人々の意識が変わってきたことが環境への取り組みの原動力になっていると思います。今では，環境を取り戻すだけではなく，取り戻した環境を守っていく，さらによりよい環境を求めていく社会になりつつあります。各教科書の小単元の組み立ても，「環境を取り戻す」「環境を守る」「よりよい環境を求めて」という構成になっています。今回は，教科書を活用して「環境を取り戻す」取り組みを具体的に学んでいきましょう。その後に，公害が多くなった原因を考える資料を補足として紹介したいと思います。

（1）学習指導要領の内容がしめすもの

　下記は，学習指導要領　5年内容（1）です。

> 　我が国の国土の自然などの様子について，次のことを地図や地球儀，資料などを活用して調べ，国土の環境が人々の生活や産業と密接な関連をもっていることを考えるようにする。

次のこと
- ア　世界の主な大陸と海洋，主な国の名称と位置，我が国の位置と領土
- イ　国土の地形や気候の概要，自然条件から見て特色ある地域の人々の生活
- ウ　公害から国民の健康や生活環境を守ることの大切さ
- エ　国土の保全などのための森林資源の働き及び自然災害の防止

　昨年の3月には，アについての学習を紹介しましたが，今回は，ウについてです。内容（1）は5年生の始まりと終わりに学ぶように教科書では構成されています。

　以下は，小学校学習指導要領解説社会編にあるウの解説です。

考える手掛かりと調べる対象

> 　ここでは，我が国の国土の自然などの様子について学習する際に，国土の環境が人々の生活や産業と密接な関連をもっていることを考える手掛かりとして，公害から国民の健康や生活環境を守ることの大切さを調べる対象として挙げている。ここに示された事項について指導する際には，次のことをおさえる必要がある。

教科書では，鴨川，水俣の水質汚濁，北九州の大気汚染などを取り上げている。

> 　「公害から国民の健康や生活環境を守ることの大切さ」を調べるとは，大気の汚染，水質の汚濁などの中から具体的事例を取り上げ，公害と国民の健康や生活環境とのかかわりについて調べ，公害を防止することが大切であることを理解できるようにすることである。
> 　ここでは，産業の発展，生活様式の変化や都市化の進展などにより増加した廃棄物の不適切な処理の結果として人々に有害な影響を及ぼす公害が発生し，国民の健康や生活環境が脅かされてきたことや，関係諸機関を

はじめ<mark>多くの人々の様々な努力</mark>により<mark>公害の防止や生活環境の改善</mark>が図られていることなどを取り上げることが考えられる。

実際の指導に当たっては，国民の健康や生活環境に及ぼす影響，公害の防止や生活環境の改善などの取組に見られる人々の努力などについて，取り上げた事例に即して具体的に調べるようにする。その際，公害の問題を国土の環境保全の観点から扱うようにするとともに，自分自身や自分の生活とのかかわりでとらえることにより，公害から国民の健康や生活環境の維持・改善に配慮した行動が求められるなど，<mark>国民一人一人の協力が必要</mark>であることに気付くようにすることが大切である。

これらの学習を通して，国土の環境が人々の生活や産業と密接な関連をもっていることを考えることができるようにする。

> 学習する内容

> 公害問題・国民一人一人の協力が必要なことに気付くことが大切。

解説の文をよく読むと，教科書に取り上げられている事例や資料及び記述が，どこと結びついているかが理解でき，何を調べさせるのか，何を考えさせればよいのかが明確になってきます。①東京書籍（以下Ｔ社）「新しい社会５下」と②教育出版（以下Ｋ社）「小学社会５下」の２社の教科書で具体的に学習活動を考えます。

（２）教科書で学ぶ学習活動（＊写真のアングルは教科書とは違っています。）

①　Ｔ社の教科書を使って

事例地は京都市で，鴨川の水質の汚濁に対する取り組みです。メインの資料は，見開きのページの２枚の写真です。左右で比較が容易です。

＜学習問題＞

> **美しい鴨川にもどすために人々がどんな取り組みをしたのだろう。**

 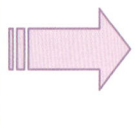 

45年ぐらい前の鴨川　　　現在の鴨川

＜活動１＞　写真を比較して，分かったことや考えたことを発表する。

昔はよごれていた。すごくにごっている感じがする。

散歩しやすくなっていて，鳥がいてきれいな感じがする。

くさいにおいもしたと思う。なんでこんなによごれたのだろう。

いつ頃からこんなにきたなくなってしまったのだろう。

きれいな川にしたのは誰だろう。きれいな川のままでいてほしい。

<活動2> 教科書にある資料をよく読み，川の汚れの原因ときれいな川を取り戻すための取り組みをノートにまとめる。

1965年の新聞記事

考えるもとになる資料

考えるヒントになる教科書の記述：「みんなの協力で」「一人一人が意識して行動することが大切」

市役所の高田さんからの手紙

友禅あらい職人の澁谷さんのお話

高度経済成長を説明する言葉

友禅をあらっている様子の写真

　　川のよごれの原因は主に，工場から出る排水と家庭からでるごみ。45年ぐらい前が一番ひどかった。悪しゅうが発生しているところがあちこちにあった。
川をきれいにする取り組み
・市役所がやったこと
　下水道の整備，工業排水の規制
・京友禅の職人さんたちがしたこと
　工場をうつし地下水で染料をあらい，あらった水は下水道に流す。
・多くの人が協力した。

<活動3> 調べたことから考えたことをノートにまとめ発表する。

　　高度経済成長は，国民の生活を便利にしたのに，ごみが多くなったり工場がどんどん増えたりして環境が悪くなってしまった。環境を元に戻すことはすごく大変なので，環境が悪くならない方法で生活を便利にする方法を考えなくてはいけないと思う。今はきれいなのでそういう技術があるのだと思う。調べてみたい。

　　きたなくなった川を何十年もかかってきれいにしてきた人たちはすごいと思う。多くの人が協力と書いてあったので，役所の人や友禅染の人の他に，どんな人が協力したのかを知りたい。ずっと鴨川がきれいでいるために私にできることがあるか考えてみたい。

　次時は ⟹ 「環境を守る取り組み」 ⟹ 「よりよい環境にしていくための取り組み」へと学習は続きます。

② K社の教科書を使って
　K社の教科書では，生活環境を守るための北九州市の取り組みを先に学習しています。「環境を守る取り組み」 ⟹ 「環境を取り戻すまでの取り組み」。
　事例地は北九州市で，大気汚染に対する取り組みです。メインの資料は，見開きのページの2枚の写真です。左右で比較が容易です。

<活動1>と<活動2>、学習問題について。

<学習問題>

北九州市の人々が美しい空を取り戻すためにどんな取り組みをしたのだろう。

1960年ごろの北九州市の空
「七色のけむり」におおわれている

現在の北九州市の空
1987年に「星空の街」に選ばれた

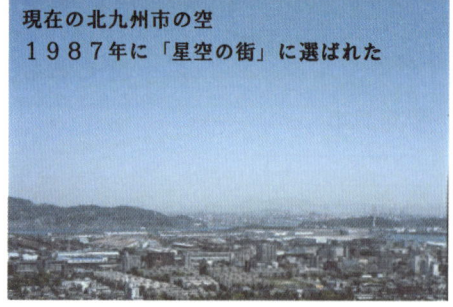

<活動1> 写真を比較して，分かったことや考えたことを発表する。

赤い煙に何か体に悪い物質が入っていると思う。においもしたと思う。

空全体がよごれている感じがする。工場の煙突が多いから，煙が多くて，悪い物質も多くなったと思う。

工場でたくさんのものが生産されていたと思うけど，住民は悪い空気で苦しかったと思う。

星空の街に選ばれるのは，ふつうにきれいな空よりもっときれいなはずでよくこんなにきれいになったと思う。

どんな努力をしてこんなにきれいな大気になったのだろう。

<活動2> 教科書にある資料をよく読み，大気の汚れの原因ときれいな空を取り戻すための取り組みをノートにまとめる。

ばいじんを防ぎながら行われた体育の授業の写真

考えるもとになる資料

考えるヒントになる教科書の記述：「50年にわたる人々の取り組み」「環境を守ることの大切さ」「環境を守るために努力を続けてきたわけ」

市民，工場，北九州市のそれぞれの公害に対する取り組み

公害をなくすため，工場の中をおとずれた人々の写真

大気のよごれを調べる人の写真

海のよごれを取りのぞく作業の写真

　大気のよごれの原因は，工場の煙突から出る「ばいじん」です。北九州市には大きな製鉄所や金属の工場がたくさんの鉄などを生産していたからばいじんがたくさん出たのだと思います。大気だけでなく工場の排水で水もよごれ，悪しゅうも発生していて，公害だらけでした。
　公害をなくすための取り組み
・市民‐大気の観察。ばいじんの量を調べる。市長へうったえる。
・工場‐公害を防ぐための取り決めをし，決まりをまもる。
・北九州市　公害を防ぐための取り決めをし，決まりをつくる。
　　　　　大気を観測する施設をつくる。
・それぞれの立場で50年にわたって取り組んだ。

＜活動３＞　調べたことから考えたことをノートにまとめ発表する。

> 　環境を取り戻すためには，市の人々が，「公害はもういやだ」と強く思って市や工場に働きかけたことと，その願いをもとに決まりを決め，工場も市も市民も努力を続けたからだと思う。環境を一度こわしてしまったら，取り戻すのにすごく長い時間がかかるので，もう二度と公害を発生させてはいけないと思った。環境首都をめざす北九州市の取り組みが，もっとたくさんの人に伝わって，よい環境のまちが増えてほしい。

> 　ばいじんを防ぎながらする体育の授業の写真にびっくりした。空気を吸わなければ私たちは生きていけないのに，こんなにきたない空気を吸っていたなんて信じられない。今はきれいな空気になって安心して暮らせるけど，この環境を守り続けなければいけないとすごく思った。前の時間に学習したように，北九州市が日本や世界のよい環境のまちのモデルになるように，私もできる活動をしていきたい。

（３）忘れてはいけないこと

　Ｔ社とＫ社の教科書で，環境を取り戻すための取り組みについて学習しました。水や大気がよごれている写真と環境を取り戻した写真。でも，私が初めて５年生をもったころは，写真の左右が逆で，「豊かな海がどうしてきたなくなってしまったのだろう」という学習問題をたて，公害について学んでいきました。

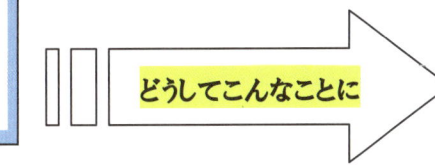

水俣の豊かな海がどうしてきたなくなってしまったのだろう。

きれいな水俣湾	‖ どうしてこんなことに →	死んだ魚，水俣病に苦しむ人など

　その時の学習の導入に使った資料です。工業生産量の伸びと公害病患者数の増加を示す資料です。

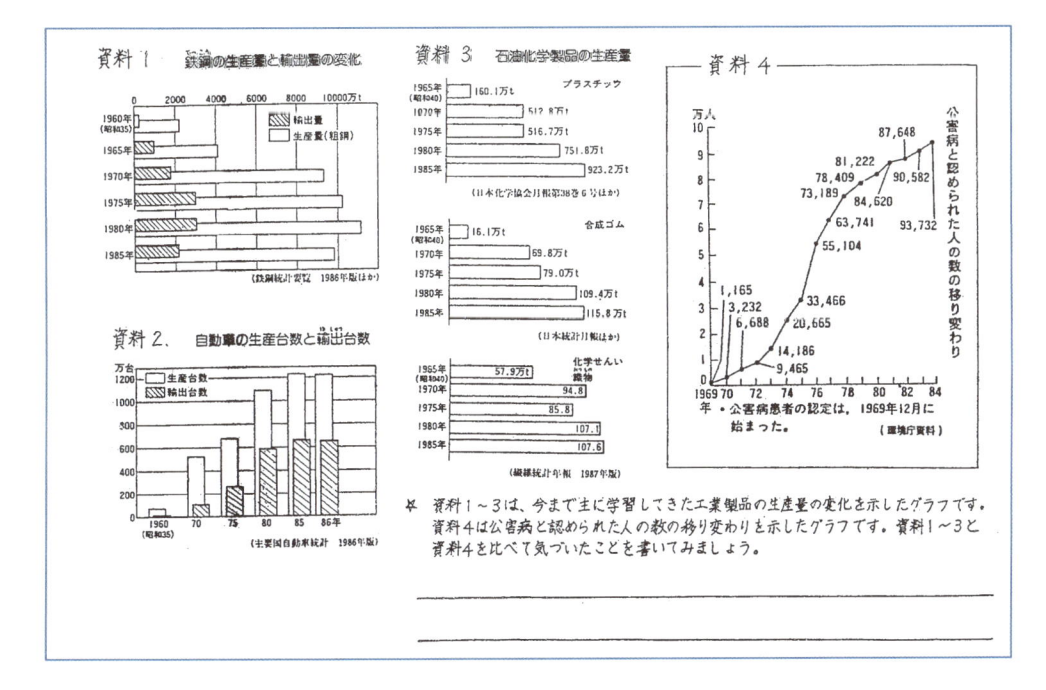

教科書や資料集から無くなってしまった資料ですが，工業と公害がかつてしっかりと結びついていたことがよく分かるので今でも役立つと思います。

　公害の恐ろしさ，人々のいまだに続く苦しみ，その環境を取り戻すための果てしない努力等々，教えながらとても気持ちが重くなる学習でした。その後，新聞やニュースで，「水俣」を見るにつけ聴くにつけ気になりながら何十年も経ちました。１９９７年水俣湾の仕切り網が外されたニュースを聞いた時は，うれしさと同時に，環境を取り戻すためにかかった時間の長さに愕然としました。近年，環境モデル都市をめざす水俣で，かつて発生した公害について，また，日本の各地で起こった公害について，今は，補助教材での扱いになっていますが，先生方には必ず教えてほしいと強く思っています。

＜参考資料：教育同人社平成 25 年度版社会科資料集 5 年 P100＞

病名 （発生年）	病気のようす	原因と裁判結果
水俣病 熊本県・鹿児島県 （1956年ごろ）	手足がしびれ，目や耳・言葉が不自由になる。死ぬこともある。	化学工場の排水にふくまれていた有機水銀が原因。会社にばいしょう金の支はらいを命じた。
イタイイタイ病 富山県 （1955年ごろ）	骨折しやすくなり，ひどいいたみに苦しむ。	せいれん所の排水にふくまれていたカドミウムが原因。会社にばいしょう金の支はらいを命じた。
四日市ぜんそく 三重県 （1960年ごろ）	のどがいたみ，ぜんそくの発作がおこる。	石油化学工場のけむりにふくまれていた亜硫酸ガスが原因。会社にばいしょう金の支はらいを命じた。
新潟水俣病 新潟県 （1964年ごろ）	手足がしびれ，目や耳・言葉が不自由になる。死ぬこともある。	化学工場の排水にふくまれていた有機水銀が原因。会社にばいしょう金の支はらいを命じた。

特に被害が大きかった四種類を四大公害病というんだよ。

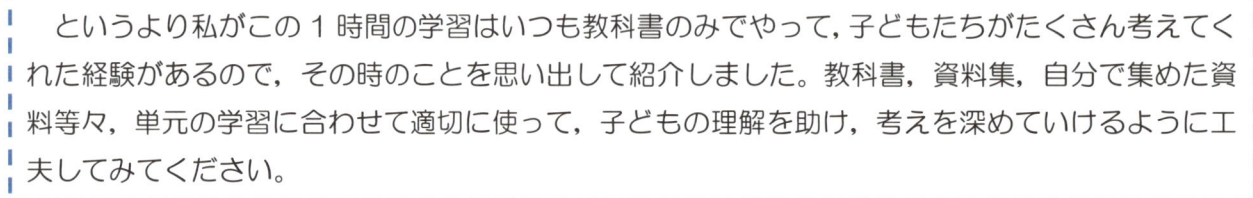

【コメント】
　今回は，教科書だけで学ぶ 1 時間の活動例を考えてみました。
　というより私がこの 1 時間の学習はいつも教科書のみでやって，子どもたちがたくさん考えてくれた経験があるので，その時のことを思い出して紹介しました。教科書，資料集，自分で集めた資料等々，単元の学習に合わせて適切に使って，子どもの理解を助け，考えを深めていけるように工夫してみてください。

歴史学習　出会いの時間に心をつかもう！

（1）歴史との出会いで子どもの心をつかむ学習活動の工夫

　学年の始まり，子どもたちは新しい学習に期待をふくらませています。特に6年生は歴史学習を楽しみにしています。一方，教師の方はどうでしょうか。忙しさを理由に教科書や資料集を配っただけで，準備不足のまま始めてしまうこともあるのではないでしょうか。そこで，歴史との出会いの時間の手助けになるように，学習の流れのいくつかの場面を紹介します。

＜歴史学習第1時間目学習の流れ＞

・本時のめあて

　歴史年表の見方を学んだり等尺年表を作ったりすることを通して，これからの歴史学習に取り組む意欲を高める。

・学習の流れ

場面①　子どもの歴史のイメージを聞く

　これから「日本の歴史」の学習が始まりますが，皆さんは「歴史」というとどんなことが思い浮かびますか。

　昔のことかな。江戸時代とか…。

　豊臣秀吉，徳川家康，坂本竜馬とか，歴史の中で活やくした人のことです。

　時代の名前とか，歴史の中で有名な人の名前をよく知っていますね。えらいね。テレビのドラマや図書室にある「漫画日本の歴史」で歴史に親しんでいる人もいればよくわからない人もいるでしょう。でも，歴史は意外と身近に感じることができるんですよ。さあ，これから私たちの国「日本」の歩んできた道を一緒に調べていきましょう。

年表は，歴史の出来事を古い時代順に見やすくならべてあります。教科書や資料集の年表を見て，気がついたことやもっと知りたいことはありませんか。

「世紀」って何ですか。

時代を区切る線でまっすぐな線と斜めな線があるのはなぜですか。

キリストが生まれたといわれている年を西暦 1 年として 100 年ずつが 1 世紀です。例えば，4 世紀は 401 年から 500 年までです。

文字で記録が残っていてはっきりと時代の区切りが分かる場合は直線で区切っていますが，弥生時代から古墳時代のように，まだ文字の記録がなく長い年月がかかって時代が移り変わった場合は斜め線で時代を区切っています。

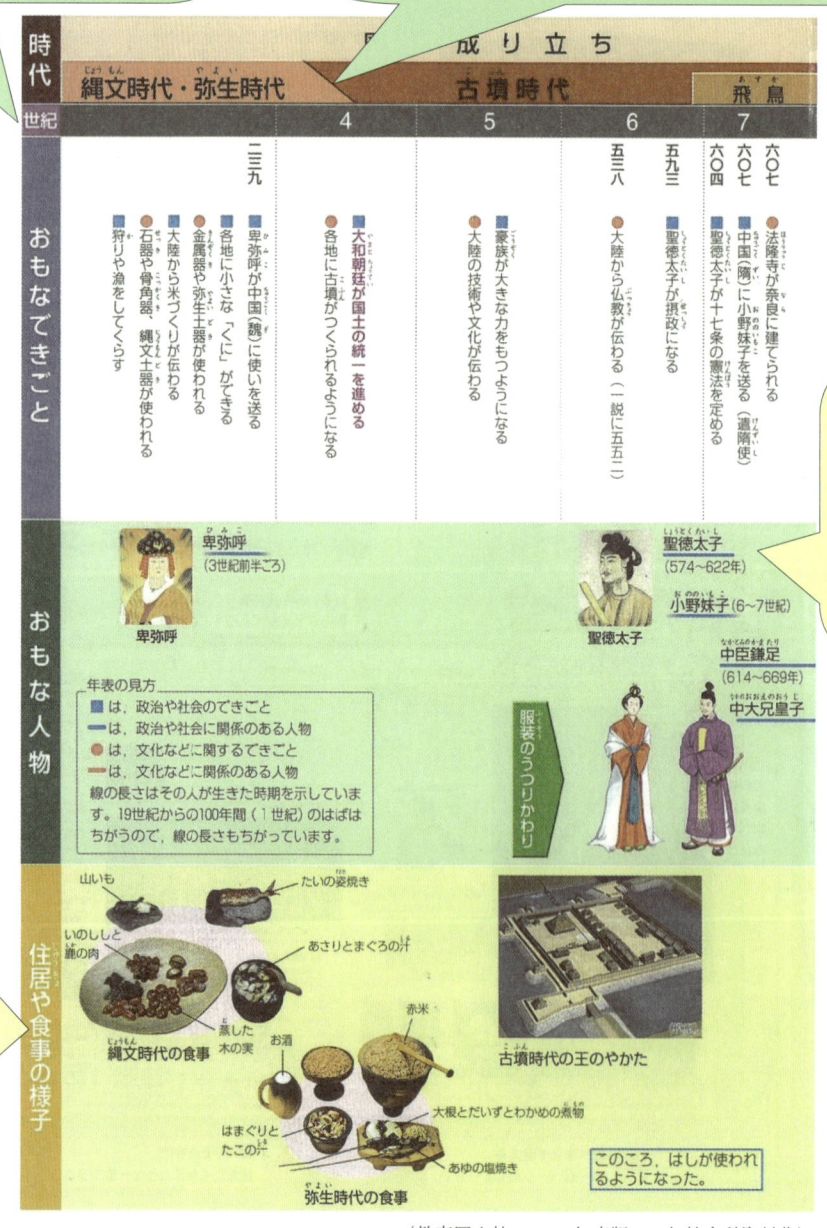

聖徳太子の名前は知っているけど，くわしく知りたいな。

年表を見ると，昔からの衣食住の変化の様子がわかって面白いです。

（教育同人社　H25 年度版　6 年社会科資料集）

 教科書や資料集の年表は，1世紀（100年）ごとに線で区切っています。でもよく見ると幅が違います。特に19世紀になるとたくさんの重要な出来事があり，1世紀の幅をたくさん広げる必要がありました。20世紀もそうですね。ですから，主な出来事を調べるのには便利ですが，時代の長さを正確には表していません。

　時代ごとのカードとテープを準備しておく。時代の名前は書いておいても子どもに書かせてもよい。
　テープは普通の紙テープでよいが，最近は貼ったり剥がしたりできるテープもある。

 縄文時代は約8千年として考えると，8000÷100＝80で80cm。すごーい。

 わたしたちの平成時代は約26年だから3mmしかない。こんなに短いの。

　縄文～平成の13のカードの数でグループをつくる。クラスの人数によるが，1人から3人。

　自分が担当した時代が，何cmになるか計算する。時代の長さは，年表で調べるが，分からない場合は，教えてあげる。

縄文時代
（約1万年）

平成時代
（26年）

弥生～平成
（約2300年）

　米作りが広まってきた約2300年前を弥生時代といいます。ですから，弥生時代から今までを全部合わせても約23cmにしかなりません。縄文時代がどれだけ長かったかが分かると思います。今に比べたらはるかに危険が多く食料も安定していない時代に，私たちの祖先は勇気と知恵をはたらかせ様々な工夫をして命をつないできてくれました。どんな知恵や工夫があったのか，人々はどんなくらしをしていたのか，これから調べていきます。わくわくしますね。

（2）各時代の長さ　参考資料

　この授業は，6年生を受け持つたびに行っていましたが，時代の長さの計算に結構時間を費やしました。そこで，一覧表にまとめました。古墳時代以前の時代の長さは，教科書（東京書籍）

や資料集（教育同人社）を参考にしました。飛鳥時代は，古墳時代に含めました。時代区分や時代の長さは教科書や資料集によって違います。自分が使っているものを参考にしてください。奈良時代以降の時代の長さについては，１の位を四捨五入して表したのでおよその長さです。この学習は，縄文時代と比較して各時代がいかに短いかをつかめばよいので，各時代の終わりをどこにするかについてもあまり詳しく考えなくてよいと思います。

時代の名前	始まりの年号と約何年間続いたか		100年を 1cmにした長さ	
縄文	約8000年間		約80cm	
弥生	約600年間		約 6cm	
古墳	約400年間		約 4cm	
奈良	710年〜794年	約84年間	約	8mm
平安	794年〜1192年	約398年間	約 4cm	
鎌倉	1192年〜1333年	約141年間	約 1cm4mm	
室町	1338年〜1573年	約235年間	約 2cm4mm	
安土桃山	1573年〜1603年	約30年間	約	3mm
江戸	1603年〜1868年	約265年間	約 2cm7mm	
明治	1868年〜1912年	約44年間	約	4mm
大正	1912年〜1926年	約14年間	約	1mm
昭和	1926年〜1989年	約63年間	約	6mm
平成	1989年〜	約26年間	約	3mm

【コメント】

　どの教科でも学年の始まりの最初の出会いはとても大切です。もちろん社会科でも同じです。今回は6年生についてお話しました。歴史という新しい分野との出会いの時間に，期待がふくらむように，ひと工夫してみてください。

　このコーナーが皆さんの参考になればすごくうれしいです。

江戸東京博物館見学のポイント
—社会科見学をより充実させるために—

　私は江戸東京博物館で常設展のボランティアガイドをしています。様々な来館者の中で，小中学生の来館者はとても多く感じます。それは，多くの学校で社会科見学先として活用しているということです。小学生の見学はおもに6年生です。昨年末，社会科見学の実踏にいらした都内のO先生のガイドをしたことがあります。その先生は，もちろん6年生の担任の先生で，日々の仕事の忙しい中で時間をつくり，少しでも自分自身が展示内容について知りたいという思いでいらしたのです。トイレの場所やお弁当を食べる場所だけ見て実踏を終える先生方が多い中，展示内容を自分の目で確かめ，そのことを学習や見学の計画に生かしたいという意欲的な先生に出会いとてもうれしく思い，一所懸命にご案内しました。特に，6年生の教科書の内容と結びつくところを中心に案内しました。

　今回は，私がO先生に案内した展示物の中からいくつかを紹介しようと思います。6年生にちょっと立ち止まって見てほしいところでもあります。夏休みの期間中に江戸東京博物館を実踏しようと考えている先生方の少しでもお役に立てばと思います。

（1）初めに

　ほとんどの学校は，バスで来ますが，JR または都営大江戸線で来る学校もあります。博物館に着くと，初めに3階の広場で子どもたちを集合させ，諸注意等々をします。トイレも済ますといいですね。当日3階窓口の係の方から子どもたちに伝える内容を知らされますので，それらをしっかりと子どもたちに伝えてください。博物館は学習の場ですが，公共のマナーを学び実践する場でもあります。よいマナーで内容の濃い見学ができるとよいと思います。

> 担当の先生は，この窓口で手続きをします。

> ここが 3 階の広場です。見学する学校が多い日にはたくさんの子どもたちで埋まります。お昼のお弁当を食べる場としても利用されています。

江戸東京博物館にて撮影

> 　江戸東京博物館は，平成5年に開館しました。ですから，今年平成25年は20年の節目の年です。広場は3階で，見学場所は5階，6階の常設展示室です。上を見上げると空間が広く開いていて，まるで高床式倉庫みたいですね。高さは62m，なんと江戸時代初期にあった江戸城天主閣ぐらいだそうです。すごいですね。

このながーいエスカレーターを登っていくと6階の入口に着きます。途中に江戸時代や明治時代の服装を着た人が描かれていて，何だか違う世界に連れて行ってくれそうで楽しくなります。

江戸東京博物館にて撮影

　江戸東京博物館には，たくさんの収蔵物があります。展示されているものはその中のほんのわずかです。展示室に入ると，実物大の大型模型や，触れることのできる体験型模型，貴重な資料の実物やレプリカが子どもたちを迎えてくれます。

（2）6階で注目すべきは

　入口に入ると，実物大の日本橋が目の前に現れます。よく橋の手前で子どもたちを集め，最後の注意をしている学校を見かけます。気持ちは分かりますが，そこではできません。諸注意はくれぐれも3階の広場でしておくこと。入口を入ったらすでに学習が始まっていると思ってください。橋の向こうのフロアーにある，模型と屏風はいずれも江戸初期を伝えるものです。江戸時代は265年もあります。子どもたちには，6階の模型や屏風は，3代将軍家光の頃の江戸の様子と話してください。

この日本橋は，1603年に架橋されました。何と幕府が始まった年と同じです。分かりやすいですね。幕府が滅んでも橋は今日まで同じ場所で生き続けています。

この模型は，江戸後期の図面をもとに，大きさ，材質，作り方すべて江戸時代仕様で作ったそうです。ですから，江戸時代にこのような橋があったということです。

この橋は，五街道の起点でもありました。今も日本橋の真ん中に日本道路元標があります。ですから，今も昔も道の起点ということです。

江戸東京博物館にて撮影

　橋を渡ると，寛永の町割り＜写真①＞，寛永の大名（越前福井藩主松平忠昌）の上屋敷＜写真②＞，寛永の町人地＜写真③＞の大型模型があります。一番驚くべきは，写真②の松平忠昌邸と，写真③の寛永の町人地は同じ縮尺で作り同じ面積だそうです。大名屋敷がいかに広かったかが想像できます。

江戸は約７割が<mark>武家地</mark>（黄色の部分）でした。江戸城（茶色）を中心に各藩の屋敷が集まっている武士のまちともいえます。

水色は<mark>寺社地</mark>です。江戸城から見て北東の鬼門に当たるところに上野の寛永寺，裏鬼門に芝の増上寺と大きな寺社を配置しました。

残りの３割の約半分が緑の<mark>町人地</mark>です。そんな狭いところに約５０万の人が住んでいました。武士も同じくらいいて百万都市だったといわれています。（１８世紀初頭）

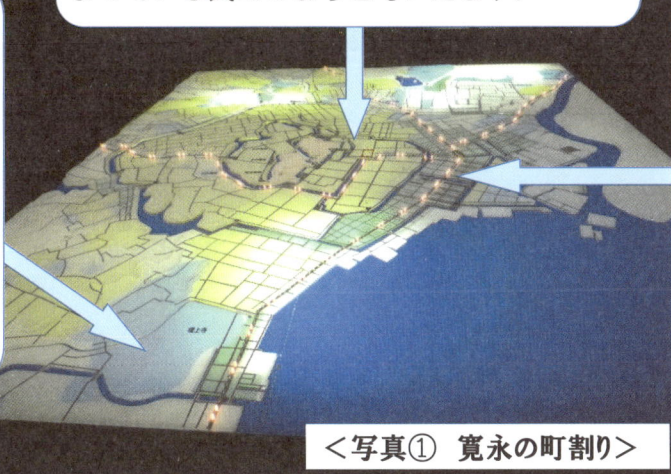

＜写真① 寛永の町割り＞

江戸東京博物館にて撮影

この大名の上屋敷は，安土桃山時代風の華麗なる建て方だそうです。江戸図屏風に描かれていますが，明暦の大火（１６５７年）以降はこのような豪華な造りの大名屋敷は造られなくなったそうです。ですから模型で堪能してください。参勤交代で江戸に来た藩主の住まいであり，藩の政治を行う役所的な役割も果たしていました。

＜写真② 越前福井藩主松平忠昌邸＞

江戸東京博物館にて撮影

日本橋を渡るとこのような町人地が広がっていました。今もデパートや老舗が並ぶメインストリートですが，江戸の初期からたくさんの人が行き来するメインストリートでした。お人形さんは１体１体，全部姿かたちが違います。ずっと見ていても飽きません。

＜写真③ 寛永の町人地＞

江戸東京博物館にて撮影

　武家地と町人地の住み分け，身分による服装の違い等々，教科書に「身分制度」という言葉が出てきますが，この三つの展示はそのことを具体的に知る手立てになると思います。これらの他に江戸城本丸御殿の一部の模型があります。幕府がこのような場所で政治を行っていたことが分かります。

（続きは Web サイト　はなまるサポートにて公開しています）

はなまるサポートアップ一覧

https://www.djn.co.jp/support/

＊以下の内容は，はなまるサポートの「今月の学習指導ポイント」で見ることができます。

No	学年	タ イ ト ル	年　月
1	3・4 年	中学年地域学習のポイント	2011年 05月
2	3 年	初めての社会 出会いに時間に心をつかもう！ 子どもの心をつかむ学習活動の工夫	2013年 04月
3	3 年	「昔のものとくらし」準備のポイント—具体的に調べるための具体的な準備の仕方—	2011年 12月
4	3 年	「わたしたちのくらしと商店」指導のポイント —3年生はあまり経験がないという先生のために—	2011年 09月
5	4 年	社会科オリエンテーション！—見通しをもって社会の学習を進めよう—	2014年 03月
6	4 年	社会科研究会から学んだこと—「生きてはたらく『知識』の獲得」をめざした研究—	2013年 12月
7	4 年	東京に伝わる伝統の技—「東京染小紋」本物の型紙，反物を活用して—	2013年 11月
8	4 年	まとめの新聞づくり 指導と評価のポイント　—玉川兄弟と玉川上水を例に—	2013年 02月
9	4 年	４７都道府県 指導のポイント—楽しみながら学習し，確実な知識の定着を！—	2012年 12月
10	4 年	「郷土の発展につくす」—産業の発展につくした渋沢栄一 導入の具体例の紹介—	2012年 10月
11	4 年	伝統や文化を生かすまち「東京染小紋」　—本物のすごさを実感させる資料—	2012年 01月
12	4 年	「郷土の発展につくす」指導のポイント—玉川兄弟と玉川上水 導入の具体例の紹介—	2011年 10月
13	5 年	環境を取り戻し守る取り組み—教科書を活用する指導のポイント—	2014年 01月
14	5 年	わたしたちのくらしと食料生産—導入でおさえるポイント—	2013年 06月
15	5 年	日本の位置と世界の国を紹介しよう—地球儀と地図帳を使って—	2013年 03月
16	5 年	「これからの食料生産とわたしたち」—言語活動を工夫して思考を広げた事例—	2013年 01月
17	5 年	５年　わたしたちのくらしと工業—単元の導入を盛り上げよう—	2012年 09月
18	5 年	５年　「情報ネットワークを防災に生かす」—関連図づくりが思考を深めた事例—	2012年 02月
19	5 年	資料の見方 指導のポイント—５年 工業生産の単元を例に—	2011年 11月
20	6 年	新しい学問に取り組んだ人物—杉田玄白と「解体新書」補助教材として文章資料その他—	2013年 10月
21	6 年	江戸東京博物館見学のポイント—６年歴史「江戸の文化」の学習と結び付けて—	2013年 09月
22	6 年	江戸東京博物館見学のポイント—社会科見学をより充実させるために—	2013年 07月
23	6 年	奈良時代「鑑真の来日」—年表と地図資料を使って来日までの困難を読み解く—	2013年 05月
24	6 年	歴史の舞台でのもう一つの出来事—関連することを知り，児童の興味・関心をより高めよう—	2012年 11月
25	6 年	６年歴史 鎖国の中での交流—朝鮮通信使に視点を当てて—	2012年 06月
26	6 年	６年歴史学習　出会いに時間に心をつかもう！	2012年 04月
27	6 年	「国際協力と日本の役割」指導のポイント—元青年海外協力隊員の話を具体的事例に—	2012年 03月
28	6 年	教材との出会いの夏に！	2011年 08月
29	6 年	学習のまとめ「〇〇新聞」評価のポイント	2011年 07月
30	6 年	歴史学習「室町時代」指導のポイント	2011年 06月
31	全	社会科と言語活動 その２—考える力を伸ばす言語活動の工夫，その具体例—	2014年 05月
32	全	社会科と言語活動 その１—よく考え，考えたことを伝えられる子を育てよう！—	2014年 04月
33	全	今，求められる社会科の学力とその指導—２学期，社会科好きの子を増やしていこう—	2012年 08月